空いた椅子に刻んだ約束

《平和の少女像》作家ノート

キム・ソギョン＋キム・ウンソン

岡本有佳＝訳

世織書房

김서경 · 김운성

빈 의자에 새긴 약속
평화의 소녀상 작가 노트
도서출판 말

日本の読者のみなさんへ

こんにちは。《平和の少女像》の作家、キム・ソギョン、キム・ウンソンです。

二〇一一年に《平和の少女像》を作って以来、「反日の象徴」と誤解され、現在も絶えずそうした誤解をする動きがあるなかで、《平和の少女像》の真実を伝えようと、この本を出版しました。

一部の極右勢力によって反日の象徴として歪曲されてきましたが、《平和の少女像》は普遍的な世界の女性人権と平和に対する象徴として世界に広がっています。

今回のあいちトリエンナーレ２０１９の「表現の不自由展・その後」に出品することとなり、日本の市民のみなさんとの出会いを期待しましたが、展示が三日で中断され、残念な気持ちです。

そこで今回の日本での出版を通じて私たちの話を日本の市民のみなさんに直接お伝えし、対話を重ねたいと思います。関心を持ち共感しましたら、連帯の手を取っていただければ幸いです。

《平和の少女像》は、みなさんが空いた椅子に座り、少女の手を握ったり目を合わせてくれた時に完成した作品となります。

日本軍「慰安婦」被害者のハルモニたちの願いは、二度と自分たちと同じ被害が起きない平和な世の中をつくることです。

私たちは日本の市民のみなさんとともに、戦争のない、幸せな平和をつくりたいと思います。

ともに手をとってくださいますように……

二〇二一年三月一日

キム・ソギョン、キム・ウンソンより

空いた椅子に刻んだ約束—目　次

(©ノ・ヨンホン)

第Ⅳ部　《平和の少女像》＝資　料

凡例

1、本文中（　）で括った補足は原書の、〔　〕で括った補足は訳者のものです。

2、本文に掲載の注は訳者の解説です。

はじめに
いったい、なぜ？

キム・ソギョン

「痛かったでしょ？　フーしてあげる。罪のないこの子の頭をどんな理由があって殴るの？」

しばらく前、駐韓日本大使館前の《平和の少女像》の頭を、正体不明の女性がハンマーで叩いた事件がありました。吉元玉《キルウォノク》ハルモニ〔敬意をこめて「おばあさん」という意味〕が少女像をなでながら語った言葉です。また、金福童《キムボットン》ハルモニはこの日、なぜか頭が痛いと話していました。私はハルモニに申し訳なく複雑な思いでした。また、ハンマーで叩かれた少女像の頭を見つめながら胸がつまり、涙がにじんできました。

「いったい、なぜ？」

この地で暮らしながら、繰り返し自問していることがあります。どんなに答えを探そうとしても探しきれないもどかしさ。自分ができることをしていればいつか答えを探し出せると思いながらも、いつも道を見失います。でも、水曜集会(1)に行くと、そんな疑問は意味がなくなります。ハルモニがいま、生きておられることがありがたく、その多くが九〇歳をこえながらもデモの現場を守ってくださっていることに、目頭が熱くなり胸が痛みます。また、

《少女像》が行く先々でともに心をくだいてくださる方々のありがたさも考えます。

朴槿恵《パククネ》政権（当時）はハルモニたちの要求を解決する先頭に立ってはいませんが、多くの人がともに力をあわせれば、いつかは真実が明らかになり、彼女たちの名誉が回復する日が必ず来ると思います。そして私たちの子どもたちが戦争と暴力のない、しあわせに暮らすことができる日が来るだろうと信じています。

《少女像》を作りながら、また《少女像》をとおして多くの方たちとあちらこちらで縁を結んでいます。そうした縁のつながりのなかで希望の意思をしっかりとつかんでいます。そして縁がつみ重なり、こうして本も出すことができました。重ねて御礼申し上げます。手ばなしで支持し、応援してくれる家族、とくに子どもたちにはとても感謝しています。

「息子よ、娘よ、ありがとう、そして愛してるよ！」

生きること、私が忘れてはならないことを記憶すること、また、私ができる記録をすること、これは私の作品の創作プロセスでもあります。私のために、私の子どものために、私の子どものために、私たちの子どもたちの平和な世界のために。

「ともに心をあわせてくださって、本当にありがとうございます。」

1　一九九二年一月一八日、ソウルの日本大使館前で、日本軍「慰安婦」問題の解決を訴えてはじまった。以来、現在まで二八年間続いている。世界で最も長く続いたデモとして記録されている。尹美香『二〇年間の水曜日——日本軍「慰安婦」ハルモニが叫ぶゆるぎない希望』梁澄子訳、東方出版、二〇一一年参照。

はじめに

私たちの自省と誓いを表現した少女像

キム・ウンソン

この本を書いている間、《平和の少女像》の作業過程の一つひとつが思い浮かびました。

二〇一一年、仁寺洞《インサドン》へいく道で水曜集会を最初に目にしたとき、申し訳なさと何もできない自分にもどかしさを感じました。いまも少女像を守ろうとする若者たちの目の輝きには心を揺り動かされます。

少女像のぎゅっと握ったこぶしは、日本の反省を求めるものでもありますが、私たちの自省と決意を表現してもいます。少女のこぶしは守ってあげられなかった申し訳なさ、解放七〇年が過ぎても、いまだ解決できないことに対する自省、これから日本の謝罪と賠償を必ず受け取らなければならないという決意を象徴しています。そして、ハルモニたちの心を記憶していきたいという私の思いも込めています。

二〇一五年一二月二八日、韓日政府は、「慰安婦」問題に対して、「不可逆的合意をした」と発表しました(1)。朴槿《パク》恵《ネ》政権(当時)は自賛しましたが、市民たちは一〇億円で「慰安婦」被害者のハルモニたちと市民の自尊心を売り渡したと思っています。少女像の作家として感じる私の考えも同じです。

米国カルフォルニア州グレンデールの少女像(2)を撤去しろという日本政府の圧力は、駐韓日本大使館前の少女像撤去の圧力につながっています。どう見てもただの小さな少女像にすぎないのに、日本政府は他人《ひと》の国の彫刻作品を撤去できなくていらいらしています。より大きな問題は、日本の顔色をうかがい、背後で判子をついた韓国政府の行為です。不幸にも朴政権は戦争犯罪の加害者と同じ立場に立ってしまったと思います。もう私たちは政府を信じられません。私たちの誤解だというなら、誤解を解いてほしいのです。

《少女像》をつくり、本書を刊行するまでに紆余曲折がありました。その過程で助けてくださった大切な方々を紹介したいと思います。

まず、道をつくってくださったハルモニたちに敬意を表します。

あわせてハルモニたちの手足となって献身的につくしている韓国挺身隊問題対策協議会(3)(以下、「挺対協」と記す)とナヌムの家(4)の女性人権活動家たちに限りない感謝を表します。

韓国のあちらこちらで《少女像》を建て、その意味を繰り返し考え、教育をとおして人権を実現する全国の平和の少女像建立委員会に連帯の手を差し出したいと思います。

二〇一五年一二月一八日の屈辱的な韓日「合意」以降、零下の極寒にもかかわらず、《少女像》を守ろうと徹夜している大学生と市民のみなさんへ感謝申し上げます。

そして何より、《少女像》を建てるために純粋な心をあわせ、大切なお財布を開けてともに行動してくれた方たちと《少女像》を愛してかわいがってくださる市民のみなさん、本当にありがとうございました。

1　二〇一五年一二月二八日、日韓の両外相は、日本軍「慰安婦」問題が「最終的かつ不可逆に解決される」ことを確認する共

同記者発表を行なった。以降、「慰安婦」被害当事者や、韓国市民社会団体から批判の声が高まり、国際的な人権諸条約機関からも「被害者中心のアプローチを十分に取らなかった」などの批判が出た。二〇一八年には韓国・文在寅政権が、「韓・日日本軍慰安婦被害者問題合意検討タスクフォース」を発表し、韓国として、日本政府の自発的で誠意ある言動を期待するという骨子の新方針を示した。しかし、日本・安倍政権は「合意」で解決済みとの姿勢を変えていない。中野敏男・板垣竜太・金昌祿・岡本有佳・金富子編『「慰安婦」問題と未来への責任──日韓「合意」に抗して』(大月書店、二〇一七年)、「慰安婦」問題webサイト制作委員会編、金富子・板垣竜太責任編集『増補版　Q&A　朝鮮人「慰安婦」と植民地支配責任』(御茶の水書房、二〇一八年)参照。

2　二〇一四年七月、市立公園に「慰安婦」像・碑が設置されたが、保守系在米日本人が撤去を求め訴訟を起こし、敗訴。こうした歴史修正主義に対し、アジア系市民・反戦団体・女性団体の連携による抗議運動が起こった。小山エミ「アメリカで強まる保守系在米日系人・日本政府による歴史修正主義」中野敏男ほか『「慰安婦」問題と未来への責任』(大月書店、二〇一七年)参照。

3　一九九〇年一一月一六日、韓国の三七の女性団体の連合体として、「慰安婦」問題の解決を掲げて結成。被害者支援を続けながら、長く被害者を放置した韓国政府の責任を問い、生活支援金や無料医療の提供などさまざまな社会保障政策を勝ち取った。長年にわたる活動のなかで日本軍「慰安婦」問題を現在も続く戦時下の女性への性暴力問題として明確に位置づけるようになった。二〇一八年七月に日韓「合意」無効化のために市民らが設立した「日本軍性奴隷制問題解決のための正義記憶財団」と統合し、「日本軍性奴隷制問題解決のための正義記憶連帯」(以下、「正義連」と記す)となった。

4　一九九二年、韓国の仏教団体などが呼びかけて建設した日本軍「慰安婦」被害女性たちの共同生活の場。九八年、敷地内に歴史館開館。被害女性たちの絵画なども展示し、訪れる人に歴史と記憶を伝える場となっている。

《平和の少女像》＝制作過程と象徴的な話―第Ⅰ部

2011年12月14日、《平和の少女像》除幕式（©アン・ソンミ）。

1.《平和の少女像》をつくることになった背景と理由

キム・ウンソン

二〇一一年一月、光化門《クァンファムン》の交差点を過ぎ、仁寺洞《インサドン》へ続く道でした。初冬でしたが、ひどく寒かったので早足に道を急ぐと、日本大使館前を通り過ぎてしまいそうになりました。大使館前では、人びとが集まって集会をしていました。日本の独島《ドクト》妄言や日本政府の官僚と右派の国会議員たちによる妄言に抗議する集会だと思い、通り過ぎようとしました。ところがよく見ると、最前列に白髪のハルモニたちが座って集会に参加していたのです。

その日初めて、ハルモニたちの「水曜集会」を近くで見ました。そのとき、一九九〇年代初めに最初に証言した「慰安婦」サバイバーのハルモニの姿がおぼろげに浮び、その瞬間、集会を素通りしようとした自分が恥ずかしくなり、熱い思いがこみあげてきました。

一九九一年八月一四日、金学順《キムハクスン》ハルモニの証言

一九九一年八月一四日、まだ幼い一六歳で日本軍に強制的に連れていかれ、「慰安婦」生活をさせられた故金学順《キムハクスン》

（一九九七年逝去）ハルモニが日本軍「慰安婦」（性奴隷）の被害者であったことを韓国内で最初の証言をされました。

「ほんとうに息がつまるほど驚きました。ものすごくいかめしい軍人たちが無理矢理飛びかかってきたときにはほんとうに息がとまって……ぎゅっと唇をかんで、逃げようと振り払って逃げかけたところ捕まってひきずられながら、どんなに恐ろしく、胸が痛くて言葉が出ず、そのときのことを考えないようにしようと思うのだけれど、私の心はもうこれ以上どうしたらいいのかわからなくなりました。」（「〝私の願いは…〟故金学順ハルモニの最後の証言」『ニュース打破』二〇一六年一月二六日配信）

光復節（日本の植民地支配から解放された一九四五年八月一五日を記念する日）の前日、故金学順ハルモニが無理矢理連れていかれて日本軍「慰安婦」として生きなければならなかった凄まじい苦痛の事実を証言する場面が、テレビ画面をとおして全国民に知らされました。この日、戦争犯罪当事者であり、日本軍「慰安婦」加害者である日本政府の女性人権蹂躙の実態が世に明かされました。そして二三八名の日本軍「慰安婦」被害者のハルモニたちが「私も金学順だ」と、被害事実の証言に起ち上がったのです。

こうした日本軍「慰安婦」被害者のハルモニたちの切実な気持ちが一つになって、一九九二年一月八日、ソウル・鍾路《チョンノ》区にある日本大使館前で「水曜集会」をはじめることになったのです。私はそのとき、加害者と被害者が満天下に現れたのだから、「きっと「慰安婦」問題は解決されるな」と思っていました。

そして京畿《キョンギ》道《ド》麗州《ヨス》の山奥に一〇年ほどこもって制作活動をしていた私たちは、二〇〇五年、再びソウルに戻り弘恩《ホンウン》洞《ドン》にアトリエを構えました。忙しいと言い訳をしながら、日々のめまぐるしさに埋没して暮らしていましたが、ある日偶然、「水曜集会」を目にしたのです。それが、丸二〇年ぶりのことだとは……。

二〇年たったが

二〇年前、私は「慰安婦」問題は解決されると素直に思っていましたが、二〇一一年までに明らかに解決されたことは何一つありませんでした。ハルモニたちが相変わらず冷たい道端に座っておられるのを直接目にし、ひたすら申し訳ない気持ちになるばかりでした。どうすればいいのかわからず、しばらく悩んで過ごしました。

そうして、ハルモニたちの話と近況をよく知っている先輩に、私にできることはないかと気持ちを打ち明けました。数カ月たった二〇一一年五月頃、その先輩が連絡をくれ、挺対協に行く用事があるので一緒に行かないかと言いました。内心待っていた連絡だったので、一緒に挺対協を訪問したのです。

当時、鍾路《チョンノ》五街、大学路《テハンノ》付近にあった挺対協の事務所を訪ねたとき、みなさんがよろこんで迎えてくれました。ところが、事務所に入るやいなや私は言葉に詰まってしまいました。尹美香《ユンミヒャン》代表をはじめ挺対協の活動家たちが忙しく動き回っているところに訪れた私は、ただただ申し訳ない気持ちになるばかりでした。

おたがいに挨拶を交わして自己紹介した後、慎重に口を開きました。私は美術をする者ですが、何か私にできる仕事があれば、どんなことでもお役にたてればいたします。自分の申し訳ない気持ちから、なんでもしますと言いました。するとと尹美香代表は、ちょうど二〇一一年一二月一四日にハルモニたちの水曜集会が一〇〇〇回を迎えるので、二〇年以上もの長い闘いを称える小さな碑石を日本大使館前に建てたい、その碑石のデザインをしてくれないかと言ったのです。記念碑を提案した、全州《チョンジュ》から毎週、水曜集会に参加しているキム・パンス先生を紹介してくれ、数日後ソウルで会いました。

キム先生は水曜集会に参加している人なら誰もが知っている方です。最初は日本軍「慰安婦」問題を恥ずべきことだと考え、そのことを多くの人たちに知らせようとしている水曜集会をやめさせようと全州から上京してきたそうです。

しかし、すぐにハルモニたちの生き様に感動し、誰よりも熱心に水曜集会に参加するコア・メンバーとして活動するようになったそうです。私が会った頃には、キム先生はソウルの水曜集会より全州で活発に活動しているということでした。

こうして私は、碑石の建立企画案をよろこんで受けました。これまでに、詩人のチェ・グァンソク、パク・ボンウなどの詩碑を制作した経験があり、一生懸命考えればよい結果を生みだすことができるという気持ちで引き受けて帰ってきました。

碑石にゴム靴の絵を刻むか？

ところが、いくつかの構想スケッチが完成する前に、碑石を建てるなという日本政府の圧力をメディアを通じて頻繁に目にするようになりました。こうした状況に心配が先に立ち、当初の構想を修正しようかと弱気になったりもしました。

「ただ、空《から》の椅子を一つつくって置こうか？　その席にハルモニたちのために花の絵を刻もうか？　ゴム靴の絵を刻もうか？　あるいは内容を縮約した言葉を……、それとも誰にもわからない、私たちだけがわかる印を刻もうか？」

私は気づかないうちに、碑石のデザインに対する考えがだんだん縮こまっていったのです。外部の状況に追い込まれ、心が縮こまった自分自身にひどく腹が立ちました。

「私たちは、私たちの土地に私たちの心を込めて碑石をつくろうというのに、日本政府は何を言おうとしているのか？　謝罪しなければならない加害者の考えに、なぜ私たちが左右されなければならないのか？」

日本政府の考えと判断にしたがって、私たちが考え行動しなければならないわけではないのに、どんどん萎縮して小心になっていく気持ちが本当に情けなく思いました。そこで、挺対協と再び相談しました。

「おそらく小さい碑石はもちろん、どんなものでも建てるのは難しいでしょう。そして、碑石もいいですが、私たち彫刻をする者として、碑石を含めてもうすこしより多くの人びとが近づいて共感し分かち合うことができるものをつくるのはどうだろうかと思います。たとえ一日で撤去されたとしても、最初から意味深長な造形物として制作したらどうでしょう？」

挺対協は、こうした提案を快く受け入れてくれました。このときから私たちは新たにデザインを考えはじめたのです。この時期に構想された造形物のデザインは、現在の少女像の姿ではありませんでした。初めは、二〇年の間、道端で闘ってきたハルモニたちの姿を彫刻にしようとしました。ハルモニたちが一〇〇〇回「水曜集会」にいたるまでに経験しなければならなかった困難な闘いと苦労を称えようとしたからです。そうしてハルモニたちが日本政府を追及したり過ちを諭す姿、反省と謝罪を要求する姿を数多く構想しました。

「性奴隷」として連れて行かれたときは、ハルモニではなく少女だった

そうしているうちに、キム・ソギョンが少女像をミニチュアでつくりだしました。ハルモニたちが日本軍「性奴隷」

として連れて行かれた当時には、相当数の女性は少女でしたから。その少女像を見てからは、すべての考えをその造形物に集中しました。その後何度も挺対協との協議をへて、少女像のデザインは完成していったのです。

キム・ソギョン作家と悩みつづける過程で、少女像のあちこちにさまざまな象徴を一つ二つと入れ込み、ついに《平和の少女像》のデザインが完成しました。残る問題は制作費でした。挺対協と相談して募金で集めることにしました。

この過程で、本当に多くの方々の暖かく熱い心を受け取りました。ついに完成した少女像を二〇一一年一二月一四日、日本大使館前に設置しました。日本大使館前に最初の《平和の少女像》を設置して以降、これまで制作された《平和の少女像》はいつもその地域の人びとの寄付でつくられるようになっていきました。

《平和の少女像》の最初の案。

2. 《少女像》との対話
――「大丈夫、大丈夫」

キム・ソギョン

二〇一一年早春、水曜集会の記念碑についてキム・ウンソンの言葉を聞いた私は、当然、その仕事に心を込め集中しなければならないと思いました。今からでも遅いが、これ以上遅くなってはいけないと思い、一緒に作品をデザインしはじめました。私たち夫婦は、大学を卒業してから今まで多くの共同作業をしてきて、全国に大小の造形物をつくってきました。そうした延長線上にこの作業があり、再び心を一つにしてはじめました。

デザインの議論をして、日本軍「慰安婦」被害者に関する学習もして、ハルモニたちの証言も一つひとつ取りまとめながら、資料をきちんと自分のものとし、感情移入しようと努力しました。その過程で私は「夢を奪われた少女」を表現してみようと思いました。日本大使館前に少女を座るようにして、彼らが奪った少女の夢を数多くの人たちが必ず見られるようにしたかったのです。そんな少女像のデザインを考えるようになりました。

日帝〔日本帝国主義〕が奪った「少女の夢」

《平和の少女像》を制作する前に、〈少女の夢〉というタイトルで作品をつくったことがあります。夢多き少女が、春

《少女の夢》キム・ソギョン、2011年。

の香りを嗅ぎながらかわいく微笑む姿でした。この作品をとおして、「慰安婦」として連れていかれた夢多き少女が他人ではなく私たちだということを伝えたかったのです。この思いをもとに少女像を構想しました。

日本政府が戦時に「性奴隷」とした対象は、ハルモニたちではなく、花ひらく歳の少女や若い女性たちでした。日帝の占領期（一九一〇～四五年の日本による植民地支配時代。以下、「植民地支配時代」と記す）、朝鮮の少女や若い女性たちを騙したり、強制的に戦場に連れていき、性奴隷にし、そのうえ殺すことまでする残酷な歴史を記憶させたかったのです。いま、この席にはハルモニがいらっしゃいますが、夢を失ってしまう前の少女だった姿を形象化し、日本大使館前に設置して、日本政府の戦争犯罪と女性の人権蹂躙という悲惨な歴史的事実を広く知らせようと思ったのです。

そこで像は韓服を着た幼くかよわい少女の姿で表現し、同時にこれまで苦しい人生を生きてきた女性の歴史と一九九一年の故金学順ハルモニの証言をはじめとする二〇年もの間「水曜集会」を導いてきたハルモニたちの強靭な意志も込めたかったのです。このような思いを込めて少女像のミニチュアをつくり、共に行動されている方々の共感を受けながら《平和の少女像》を制作することになったのです。

少女たちが感じた死の恐怖が私にも襲ってきて

これまで作家として制作するなかで、今回ほど痛みを感じながら作業したことはありません。少女像が形になっていけばいくほど、限りなく押し寄せてくる怒りと痛み、悲しみと苦痛……。三カ月にわたり土をこねる作業の間中、ときには涙し、ときには怒り、苦しくて息が詰まるようでした。

幼くかよわい体で有無をいわせず多くの日本兵の相手をしなければならなかった少女たちはどれほど恐ろしかったことか、その恐怖が私にまで襲いかかってきました。日本軍性奴隷として監視と暴力、死の恐怖に耐えなければならない無力感は私の胸をとおして甦り、そのたびに身震いしたり涙が流れたりもしました。病気の体を抱え、戻りたい故郷の山河、夢でもいいから会いたい家族や友だちを想う気持ちが悲しく胸が痛むのでした。

無理矢理連れていかれた少女のあらゆる記憶は、涙とため息として浮かび上がり、その痛みは骨の奥に深く沁み込みました。

そして一九四五年の解放以降、このすさまじい経験は語られることはありませんでした。日本軍「慰安婦」として連れていかれた数多の少女や女性たちは、日本軍の敗戦後、置き去りにされたり殺されて、どれほどの人が祖国の地に帰ることができたのでしょうか。

数えきれないほど死の峠を越え、戻ってきて家族を探しだせたとしても、家族は背を向け、国家は目をそむけました。こうしてまた新たな苦痛に耐えなければならなかったのです。誰にも打ち明けられなかった沈黙の時間は、生涯におよびました。その沈黙に封じ込められた痛みは、治癒できない傷として胸に深く残りました。

少女像とともに泣き、慰めあった作業

ハルモニたちの経験はつねに、作業をしている私の手を震わせ、ため息の日々を送らせることになりました。激しく押し寄せる感情を鎮め胸をなでながら一つひとつ土を付けていきました。そして少女像の形が見えたとき、初めて落ち着くことができたのです。ある日は少女像が私に「大丈夫、大丈夫」と静かに語りかけてくれました。少女像とともに泣き、おたがいを慰めあい、ぽんぽんと軽く手をふれたりもしました。

2011年12月14日、日本大使館前に《平和の少女像》設置された。

こうして少女像と交感しながら徐々に過去から現在を見るようになり、今日から明日の姿を見はじめました。過去の少女が今、日本大使館前で黙々と、淡々と話をする姿が思い浮かびました。

その長い苦しみを克服し、ハルモニたちは自分が日本軍「慰安婦」被害者であることを明らかにして「水曜集会」がはじまり、ハルモニになった少女は、二〇年にわたる「水曜集会」をとおして女性活動家、人権運動家、平和運動家として生まれ変わりました。この《平和の少女像》には過去の苦痛だけではなく、二〇年間の「水曜集会」を守ってきたその方々の息づかい一つひとつのすべてを、刻みたいと思いました。

そして二〇一一年一二月一四日、一九九二年から風雨に打たれ吹雪になっても、ときには強烈な日差しが降りそそいでも、老体をおして毎週水曜日一二時になれば座っておられたまさにその場所、日本大使館前についに《平和の少女像》が建てられました。ハルモニの過去と現在の心を抱いた少女が、未来への夢を抱いてその場所に座ったのです。少女は、日本が本当に謝罪するその日まで日本大使館を見つめながら待つことでしょう。

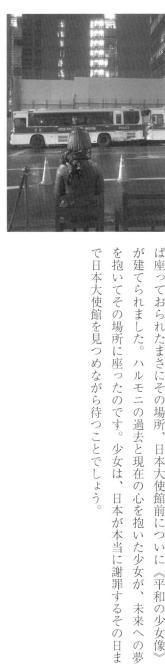

3. 少女像作家のアトリエに入ってみる

キム・ソギョン＋キム・ウンソン

私たちの新婚生活はソウル西大門《ソデムン》区ではじまりました。三年間、入試の対応をする美術学院を運営していましたが、自分たちが追究する価値観とあわず辞め、現在まで彫刻の制作だけをしてきました。

彫刻という媒体《メディア》は、作業スペースが重要です。私たちが行なう粘土の作業は特にそうです。ですからソウルから碧蹄《ピョクジェ》へ、碧蹄から驪州《ヨジュ》へ、驪州からソウルへ、ソウルから高陽《コヤン》市へと住居を移し、アトリエも移動しなければなりませんでした。アトリエを移動するたびに、作品と道具も移さねばならないという年月でした。そうして再開発に追われ、お金が滞り、いまのアトリエに着きました。いまだ作品は一カ所に集められていません。実家にある三分の二をまだ持ってくることができません。

制作中の《少女像》。

少女像は、ソウルの弘恩《ホンウン》洞にあるサントンネ〔「山の街」の意。山の斜面に密集した低所得者層の住宅密集地をさす〕のアトリエで制作しました。家が遠かったのでいつもアトリエに寝泊まりして作業に没頭しました。二〇一二年に建直しをするというので、再び現在の高陽のアトリエに引っ越しました。

高陽のアトリエはビニールハウスでつくりました。夏は暑く、冬は寒いですが、私たちには重要なことではありません。意志と情熱があるので夏は熱く冬は冷静に作業します。

ここで少女像と呼ばれる作品の五つのデザインを完成し、独立運動家・趙文紀《チョムンギ》先生の記念碑（華城《ファソン》市梅松《メソン》小学校、二〇一四年）など、たくさんの作品を制作しています。

鋳物《いもの》工場の風景〈写真はイ・ガンフン©〉

三〇年近く一緒に作業してきた石材工場があります。石材工場では、台座と碑文を刻み、影をモザイクします。最後に運搬と設置まで一緒にします。

また、少女像を制作しはじめて五年の縁となるブロンズ工場があります。私たちが原形を完成させたら、この工場に運び、再びシリコンの型をとり、溶けた蝋《ろう》を流し込み、蝋が固まってから型をはずす作業をすることになります（蝋の原形には鋳型が施され、精密な鋳造技法をへると指紋まで出てきます）。

この過程で、蝋でできた少女像を修正して表情を整えます。もう一度、少女像の表情が変わる瞬間です。蝋でできた少女像からブロンズが出てくると、ブロンズがちゃんと出てきたかを確認します。

目、鼻、口の部分を特に気をつけて微調整します。そして最後に、ブロンズの状態で仕上げの作業をします。

蝋でできた少女像の修正。このとき顔の表情もつけていく。

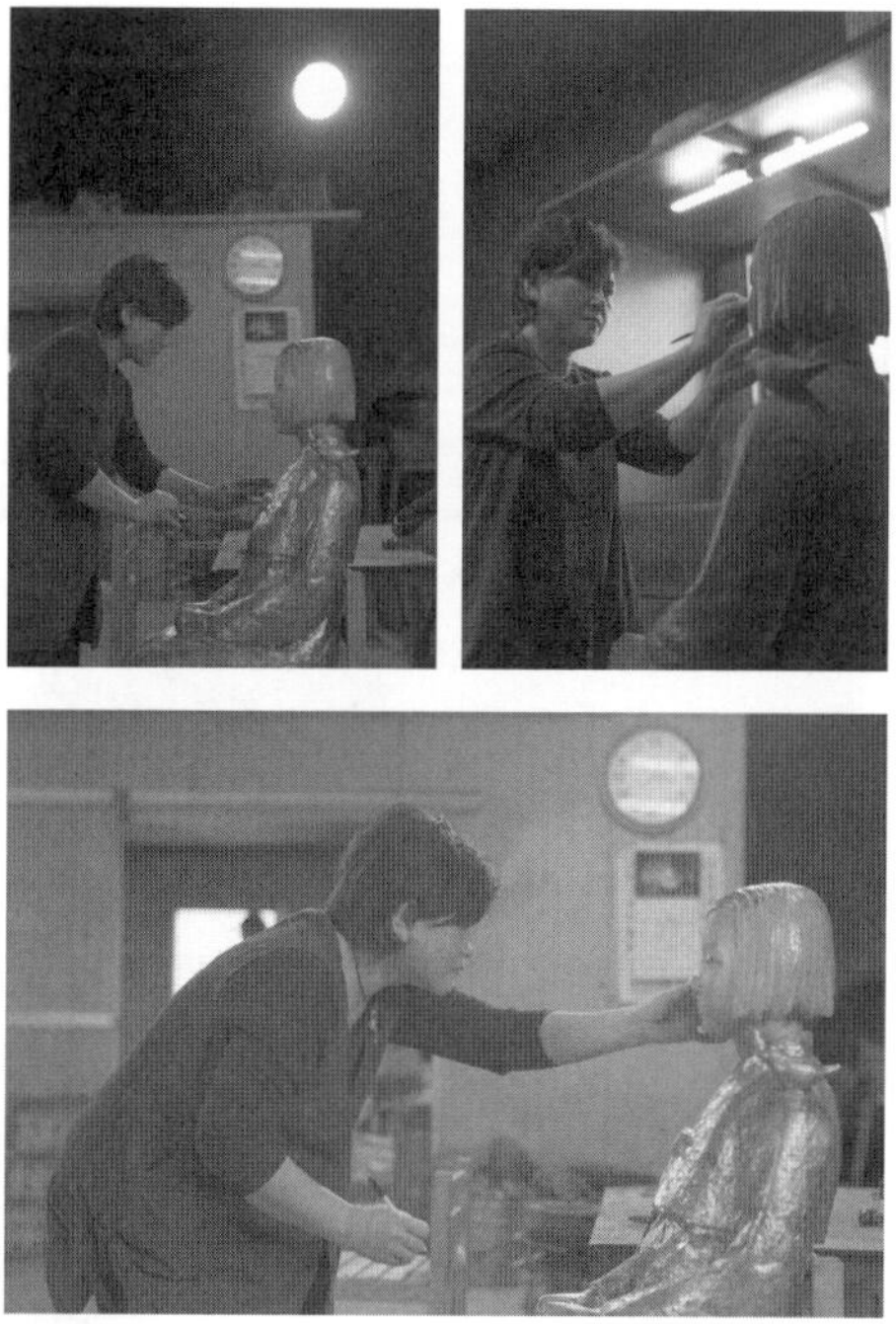

ブロンズでの微調整。

技術者と相談しながら。

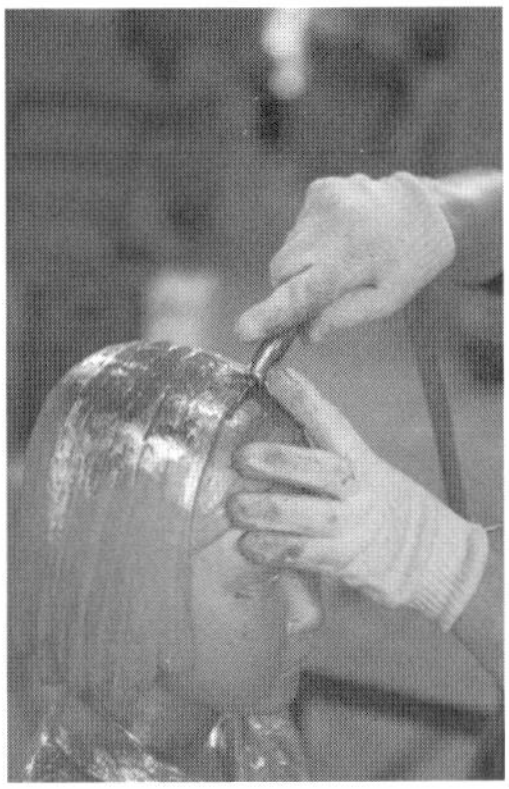

ブロンズの状態で最後の仕上げ。

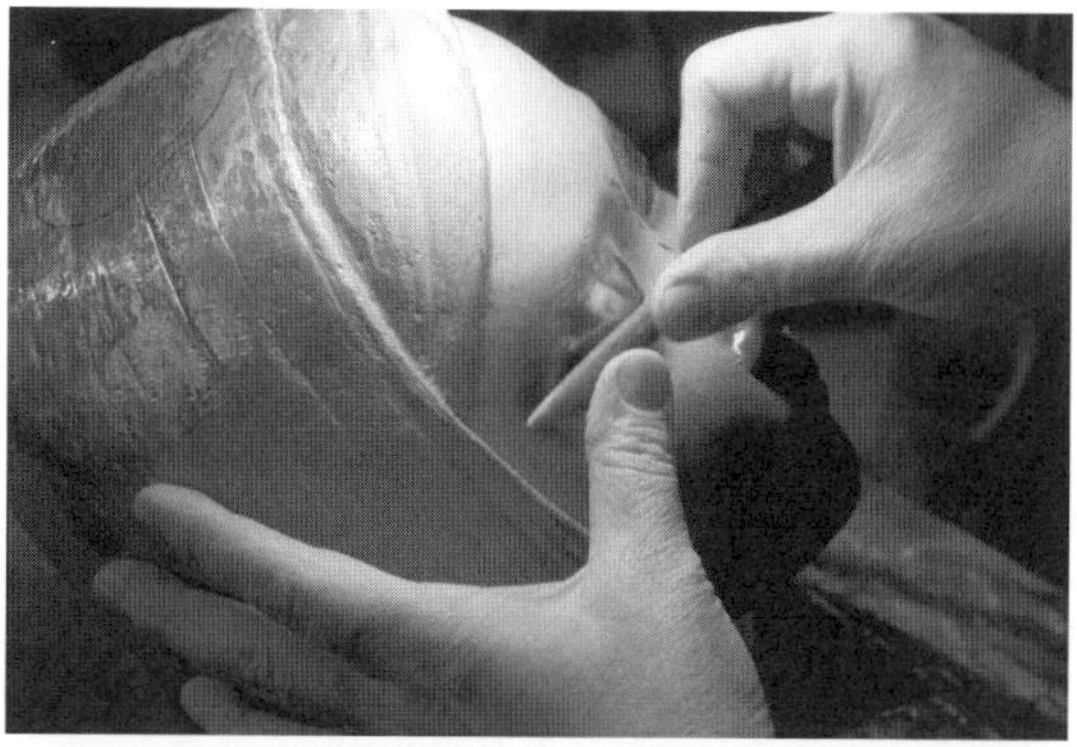

特に顔の表情を細かく確認する。

4. 《少女像》の制作過程は、こうです

キム・ソギョン+キム・ウンソン

1 芯棒

芯棒は人間でいえば、骨をつくる過程です。主に木や鋼鉄、ワイヤー、紐などを使ってつくります。この過程をとおして、骨組みをつくり中心となる体の特徴がつくられます。人間の骨に問題があれば体も痛いように、土の作業の前に骨組みがうまくできなければ作品にも問題が生じます。

長年仕事をしてきましたが、この過程で精魂込めることができなければ、完成しても崩れてしまい、再び作業をしなければなりません。首、腕、足は自然に見えるように、全体的に頭と体の比率が合うように気を配ってつくります。

芯棒の作業をするときは、強い握力が必要です。ですから、この作業をした翌日は指の節々が腫れることもしばしばです。

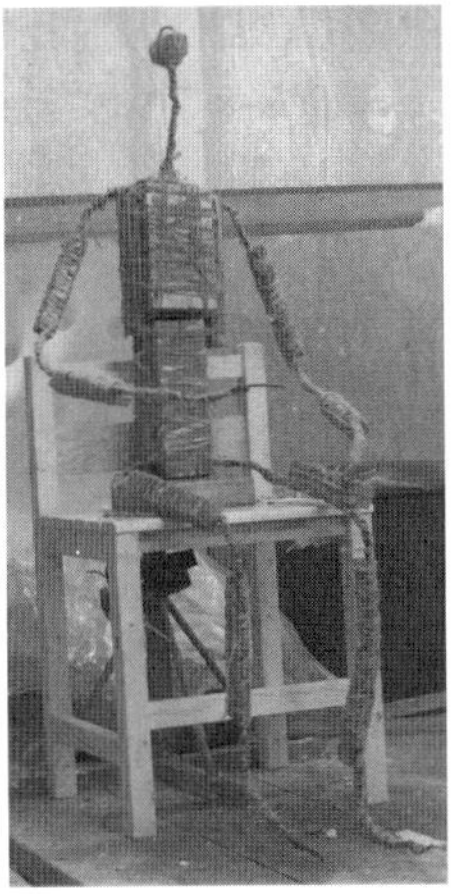

２　土付け（粘土制作）

全体の作業のなかで、土付け（粘土による制作）の過程が時間も神経も一番使います。あらゆる物語がこの作業をとおして解かれていきます。

一つひとつ土を付け削りながら、すべての感情と心、そして作家の意図と希望までもこの過程にすべて込めるのです。この過程で、全体の九〇パーセントがつくられます。

粘土の過程ではもっとも満足のいく状態で手を離しますが、これ以降の過程によって多少の変形も生じます。ですからいつも物足りなさが残ります。

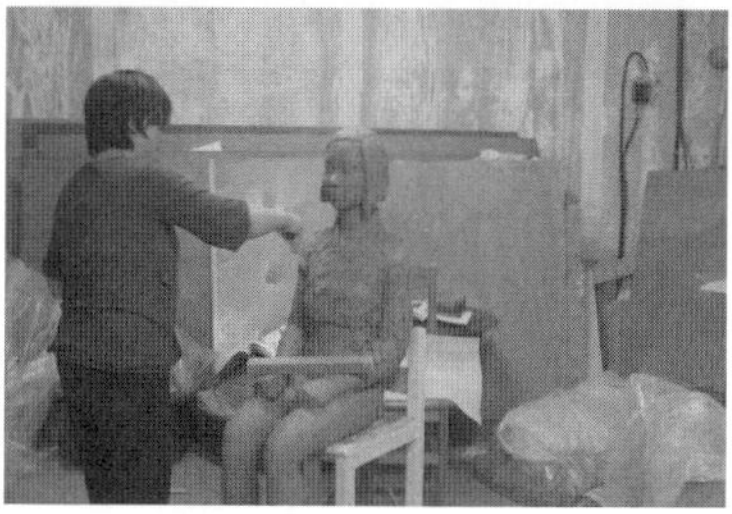

3　型（石膏どり）

型をつくる過程です。

石膏を粘土にかぶせて枠組みをつくるこの過程は、力が必要です。枠がずれたり、うまくできなければ、最初からまたやり直す場合もあります。石膏が固まったら、枠を外してなかの粘土をかき出します。こうして粘土でつくった少女は消えていきます。

4　原形

原形をつくる過程です。石膏の型に合成樹脂や石の粉、硬化剤を混ぜて塗ります。固まったら石膏型を割りだします。すると、いよいよ少女像の原形が出てきます。この少女像の原形によって、《平和の少女像》を各地に建てることができるのです。

5　修正

この過程は、作品にある小さな傷をなくすものです。

6　鋳造（ブロンズ）の過程

鋳物でブロンズを完成します。

この過程は、シリコンで型取りし、そこに溶けた蝋を流し込み形をつくりますが、この過程で表情が完成します（次頁右上の写真）。そして完成し

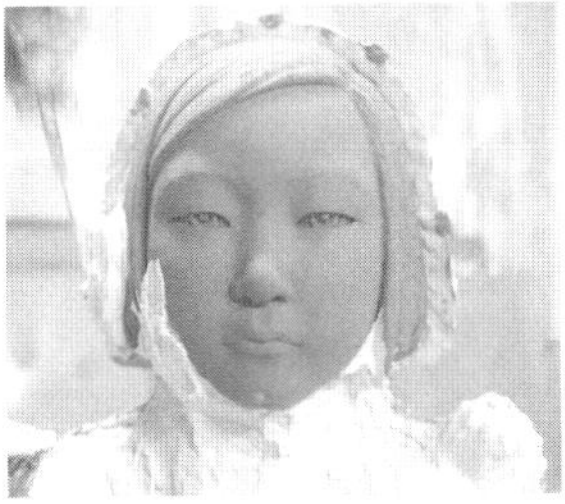

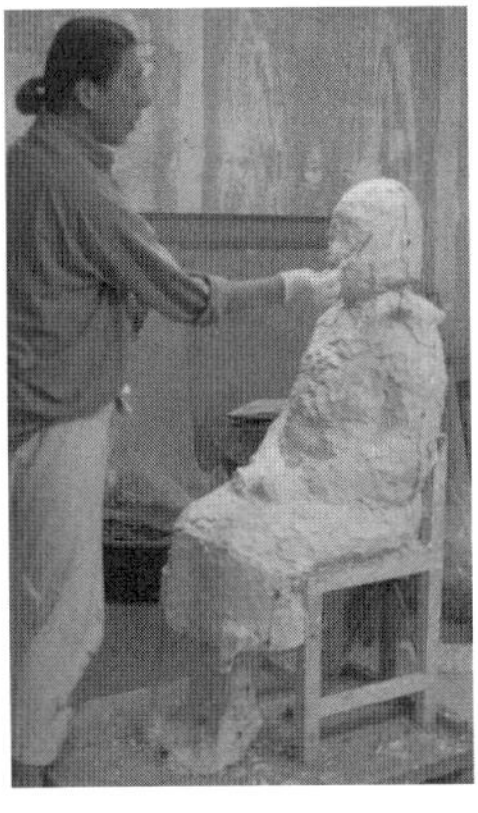

た蝋の原形のなかに溶かしたブロンズを注ぎ込み、修正しては塗りをするという手順をふみます。ブロンズになった少女像が出てくるまでたくさんの過程をふむことになります（右下の写真）。その合間合間にみなさんから手助けしてもらいます。最初から今までともにしてくださった方々にいつも感謝の気持ちでいっぱいです。

表情が決まる。

7　台座の制作過程

台座は花崗岩と烏石《からすいし》（黒曜石）の二種類の石材からできています。烏石には文章を刻みます。最初に烏石に刻んだ文章は吉元玉《キルウオノク》ハルモニ直筆の「平和の碑」でした。黒い石でハルモニの影をモザイクし、白い大理石を削って蝶をつくり埋め込みます。

8　運搬

トラックや船、または飛行機を使い、完成された少女像を設置場所に運びます。少女像より台座のほうが重いので、クレーンを使って移し運

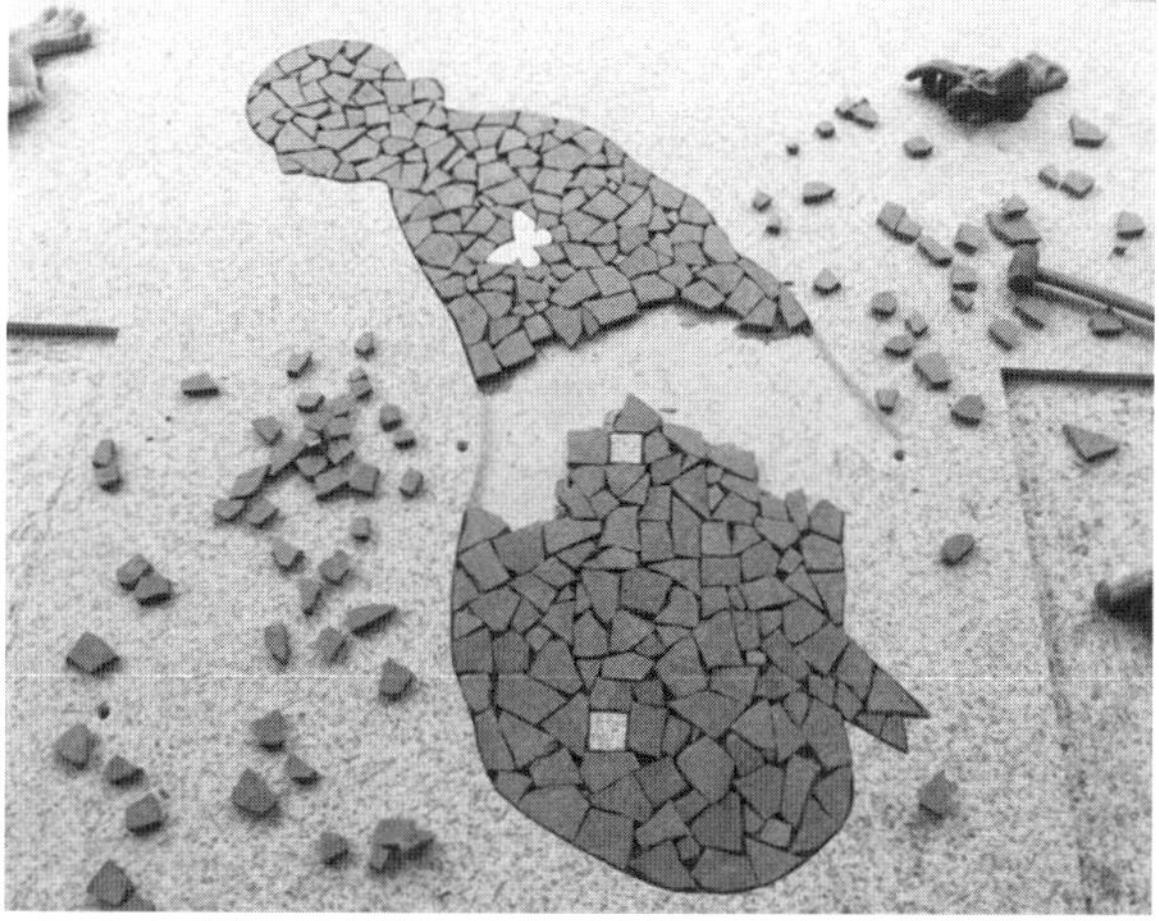

ブロンズになる。

搬します。

9　設置

設置は石材工場の技術者と一緒に議論して行ないます。基礎工事が必要な場所もありますし、ただ置けばいい場所もあり、全体の景観を美しく整える場合もあります。

少女像は建てる場所の環境に応じて少しずつ異なり、設置場所の雰囲気によって少女の表情がちがって見えるのです。設置後は、その地域の方々の参加と誠意によって周辺の環境まで変化していくのがわかります。

5.「ハルモニの影」のアイデアをだした娘・ソフン

キム・ソギョン+キム・ウンソン

私たち夫婦には息子と娘がいます。息子の名前はキョンボで、娘はソフンです。息子の名前は私たちがつけたかったのですが、初孫だからと祖父がつけてくれ、娘の名前は私たちがつけました。陶淵明《とうえんめい》の漢詩に出てくる言葉を、私たち夫婦が生まれた日なども考えあわせ、喜びが湧きでることを願う意味を込めて大切につけた名前です。

ソフンは共同保育所に通った後、小学校一年生までは公立の学校に通っていました。私たち夫婦が少女像の制作をはじめていた二〇一一年、ソフンは小学校四年生に通う一一歳の年齢でホームスクーリングをしていました。同じ年頃の子どもたちよりも背がやや高くほっそりしていて、自由な想像力を持った子どもでした。ですからいつも私たちはソフンと一緒にアトリエにも通い一緒にいる時間が多かったのです。

少女像は、最初一三から一五歳の少女の姿ではじめ、以降、韓服を着せ座っている少女にまで構想し、つくる過程で絶え間ない議論と感情移入を重ね、少しずつ姿が完成していきました。

その頃、少女像にある程度粘土を付ける作業を進めていましたが、細密な表現をつくるためには服のシワまでわかるような実物の資料が必要でした。座っている少女像をつくろうとすると、服のシワの流れと全体の体の流れをよまなければならなかったからです。

韓服を買い、誰に着せてどう表現するか考えあぐねるなかで、娘のソフンに日本軍「慰安婦」被害者のハルモニの話を聞かせて、衣装モデルをしてくれないかと頼みました。幸い、娘は私たちの提案を快く受け入れてくれました。

衣装モデルになったソフン。

日本軍「慰安婦」被害者を表現する作品のモデルを娘にしてもらうことに気掛かりがないわけではありませんでしたが、ほかの少女がモデルをするよりは負担が少ないと思いました。そうして娘は韓服を着て椅子に座って少女像のモデルになり、長い時間じっと静かに座っていなければならない苦労を厭いませんでした。ソフンはそうして数日間、作品のためのモデルの役割を果たしてくれました。

幼い娘に韓服があまりにもよく似合っていて、その姿があまりにもかわいらしく、むしろつらい気持ちになりました。日本の植民地支配時代に連れていかれた少女たちがよみがえって、「こんなに愛らしい少女たちを守ってあげられなかったんだな！」という思いに胸が詰まりました。

毎週水曜日の集会に出て、その場所を守るハルモニたち、今やハルモニなってしまった少女たちは、私たちの娘の姿のようにこんなにかわいい少女時代を根こそぎ踏みにじられ奪われたという事実に胸がしめつけられ痛みました。そして今、再びこんな痛みと苦しみを未来の世代に起こらないようにするために、ハルモニになってしまったその「少女」がこの場所を守っていると考えると、少女像をつくる作業一日一日が平和への切実な願いになっていきました。このような切実な願いのために名前を明かした少女たちと名もなく倒れていった多くの少女たちを忘れないように、さらに一生懸命作業に没頭しました。私たちの幼い娘を守るための心も加わって……。

《平和の少女像》をとおした娘との作業は、モデルだけではありません。私たち夫婦は、構想の過程でも、娘とずっと話を交わしながら作業を進めていたのです。親が創作する作業しているからなのか、娘も創作力にあふれる思いをめぐらせて育ちました。学校に通わず、芸術する親と日々一緒にいて、自然にそのように育ったようでした。

少女像は悩みながら一つひとつの具体的な表現がつくられていき、徐々に姿を現わしました。ほとんど共に行動して暮らす私たち夫婦は、食事をしていても、運転しながらも、少女像の制作について考えを共有していました。

こうして話を交わしながら、少女像の隣に空《から》の椅子を置くことにし、平和の碑を刻むことにしました。しかし、何か寂しい気持ちがしていました。ハルモニたちの苦しかった人生を込めたい、何かあるはず……。日本の植民地支配時代とその時期に傷を受けた痛みと解放後に受けた蔑視と冷遇、そして後ろ指をさされることにたいする痛みのかけらを集めてできた苦しい時間の象徴を、影に込めることにしたのです。影の話をしたとき、娘が奇抜なアイデアを出しました。

「オンマ《お母さん》、アッパ《お父さん》、その影をハルモニの影にするのはどう？」

まったく思いもつかなかった言葉を娘が発したのです。私たち夫婦は娘の想像力に驚きながら、おたがいの顔を見つめあって感動しました。娘の感性の豊かさに感心しました。

もともとハルモニたちの一〇〇〇回目の水曜集会を記念するために碑石のデザインとしてはじまりましたが、日本政府が碑石設置に反対したことに怒り、ハルモニのデザインへと構想が変わりました。そうして悩んだ末、戦争の被害者で凄惨な扱いを受けた当時の年頃の少女像として作業を進めていったのでした。

ところが、娘の想像力に力をえて、ハルモニの影を作品に取り入れながら全体のデザインを完成させることができました。こうして、最初に建てようとしていた小さな碑石、少女像、ハルモニの影、すべての存在の価値が少女像の作品のなかから現われてきたのです。それ以後、娘が少女像のモデルになり、ハルモニの影のアイデアをだしたことを誇りに思い、私たちは自負心をもつようになりました。

6. 《平和の少女像》が抱く12の象徴

キム・ソギョン+キム・ウンソン

1 少女

ハルモニたちは一九九一年から、「私は無理矢理連れて行かれた日本軍「慰安婦」被害者」だと自ら明かし、日本の侵略戦争の残酷さと幼い少女たちを性奴隷に転落させた日帝（日本帝国主義）の非道を社会に告発しました。このようにハルモニが日本軍「慰安婦」の真相を世界に明らかにする前は、多くの人びとは、何人かのハルモニの悔しい事情と考えて、日帝が朝鮮の幼い少女たちにここまで凄惨でひどいことをしたという事実をほとんど理解していませんでした。

ですから私たちは、日本が強制力をもって国家組織を動員し、朝鮮の幼い少女たちを戦場に追いやった後、性的暴行と暴力をためらわずに行なった戦争犯罪の歴史を呼び覚まし、《平和の少女像》を韓国の地、日本大使館前に設置することにより、恥辱の歴史を率直に見つめさせようとしました。幼い少女たちが戦場に連れて行かれていったことを象徴する意味で、当時連れて行かれたのは一三〜一七歳くらいの未成年者が多かったことに思いをはせ、韓服を着た少女の姿に形象化しました。

もちろん日本軍「慰安婦」被害者の年齢はさまざまです。日本軍は、朝鮮で一〇代前半から三〇代の女性まで性奴隷として連れて行きました。しかし、私たちは一〇代初めから半ばの幼い女性を作品として表現しようとしました。実際、戦争に連れて行かれた多くの女性が未成年でした(1)。ですから私たちは幼い女の子に焦点をあて、つまり少女を象徴にしたのです。水曜集会で、今まで熱心に参加してきた金福童《キムボットン》ハルモニは一五歳で、吉元玉《キルウォノク》ハルモニは一三歳で「慰安婦」として連れて行かれました。幼い女の子を強制的に連れだして戦争犯罪を犯した日本政府は必ず《少女像》を直視しなければならないと思います。そうしてこそ戦犯国日本が恥ずかしくても反省して謝罪するだろう、過去の戦争犯罪の事実を認めて反省するだろうと思いました。もはや歴史的事実を隠したまま、隠れる所はないと。

2　韓服

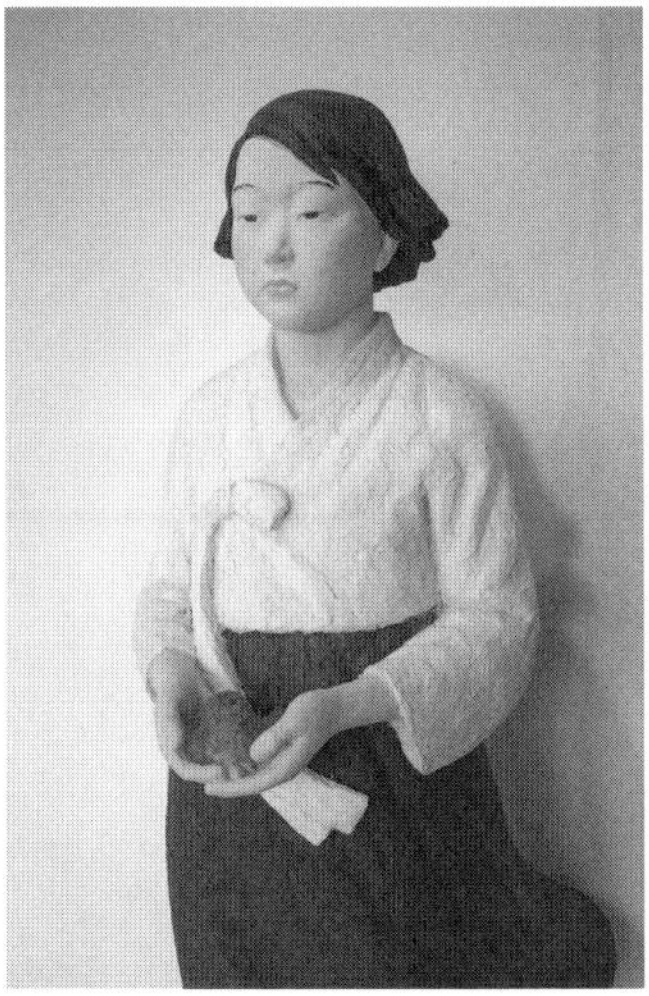

彩色した巨済島の《少女像》(©イ・ガンフ)。

少女たちが連れて行かれた所は生まれて一度も行ったことがない遠い異国の見知らぬ地でした。そこは言葉も、食べものも、衣服も、気候もすべて朝鮮と違いました。いつ戻れるかわからない異郷の地で悲惨な生活をしながらも、故国に帰る日を指折り数えて待ち続けていたことでしょう。

おそらく少女たちは遠い異郷で惨憺たる時間を生きながらも、朝鮮の地に戻ることを願って待ちこがれる思いで「アリラン」を歌ったことでしょう。「アリラン」を歌いながら故郷を想う心を

1　金富子「朝鮮人「慰安婦」はなぜ少女が多かったのか?」『〈平和の少女像〉はなぜ座り続けるのか』世織書房、二〇一六年。

表1　宮古島「アリランの碑」碑文より

女たちへ

アジア太平洋戦争期、日本軍はアジア太平洋全域に「慰安所」を作りました。沖縄には130ケ所、宮古島には少なくとも16ケ所あり、日本や植民地・占領地から連行された少女・女性が性奴隷として生活することを強いられました。

2006年から2007年にかけて「慰安婦」を記憶していた島人と韓国・日本の研究者との出会いから碑を建立する運動が始まり、世界各地からの賛同が寄せられました。

日本軍によって被害を受けた女性の故郷の11の言語と今も続く女性への戦時性暴力の象徴として、ベトナム戦争時に韓国軍による被害を受けたベトナム女性のためにベトナム語を加え、12の言語で追悼の碑文を刻みます。

故郷を遠く離れて無念の死を遂げた女性たちを悼み、戦後も苦難の人生を生きる女性たちと連帯し、彼女たちの記憶を心に刻み、次の世代に託します。

この想いが豊かな川となり、平和が空の陽のように暖かく満ちることを希望します。

この碑をすべての女たちへ、そして平和を愛する人々に捧げます。

2008年9月7日
宮古島に日本軍「慰安婦」の祈念碑を建てる会

鎮め、アリランを歌いながら異郷で死ぬような苦しみの時間と恐怖に耐えたのでしょう。少女たちにとってアリランは懐かしさであり、故国でした。その「アリラン」を少女にあげたかった、それを韓服で現わしました。

　戦争が終わった後、少女たちは女性になって故郷に戻ってくることもありましたが、そうできなかった人はもっと多かったのです。大人になって帰ってきた女性たちをきちんと記憶にとどめず、戦争犯罪の傷をそのまま抱え込まされた朝鮮の娘だったことを、記憶に止めるようにしたかったのです。

　もし、故国に戻ることができなかった魂がここ大韓民国ソウル中学洞《チュンハクトン》の日本大使館前に訪ねてくれば、愚かな祖国の親、きょうだい、同胞たちにこうした少女たちが朝鮮の娘だったことを覚えているよと伝えたかったのです。

　沖縄の宮古島には「アリランの碑」（2）があります。日本軍とともに来たのに、突然消えた少女たちがいつも歌っていたアリランを覚えていたという与那覇博敏さんがその記憶を忘れずにいようと、二〇〇八年「アリランの碑」を宮古島に日本軍「慰安婦」の祈念碑を建てる会が建立しました。碑石には、「アジア・太平洋戦争当時／この近くに日本軍の慰安所があった／朝鮮から連れてこられた女性たちが／ツガガー〔井戸があった場所〕にて洗濯の帰りにここで休んでいたことを記憶している／悲惨な戦争を二度と起こさぬため世界の平和共存の想いを込め／この碑を後世に伝えたい」と与那覇さんの言葉も刻まれています。

3 髪

縁というものは結ぶのも難しいのですが、断ち切ることも難しいものです。ところが、縁の意味を正しく知る前に断ち切られた少女たちの縁は言葉で言いつくすことができるでしょうか？　工場でお金を稼がせてあげるといった者たちの口車にだまされ、あるいは強制的に戦場に連れて行かれた少女たち。彼女たちが到着した戦場の日本軍慰安所は、恐れと不安そのものでした。

戦場に行った幼い少女に必要なのはお金などではありません。ヨモギとナズナの香りいっぱいの故郷の家、貧しいけれど懐かしい「母さんと父さん」の胸でした。背中を押され

2　二〇〇八年九月七日、沖縄県の宮古島に、「宮古島に日本軍「慰安婦」の祈念碑を建てる会」が建立。同会は、尹貞玉《ユンジョンオク》、中原道子、高里鈴代、この地の所有者で宮古島に住む与那覇博敏が代表。祈念碑は、「アリランの碑」と「女たちへ」と記した二つの碑文がある。「女たちへ」の碑文（表1）の両側には、「日本軍による性暴力被害を受けた一人ひとりの女性の苦しみを記憶し、全世界の戦時暴力の被害者を悼み、二度と戦争のない平和な世界を祈ります」（日本語）という碑銘が一二の言語によって配置されている。日韓共同「日本軍慰安所」宮古島調査団著、洪ユン伸編『戦場の宮古島と「慰安所」：一二のことばが刻む「女たちへ」』なんよう文庫、二〇〇九年。

て愛する人たちのそばを離れなければならなかった少女たちのあまりにも不運な人生、あまりにもつらく凄切な心情。

少女たちがだまされて到着した所は、工場ではなく、遠い異国の見知らぬ場所、日本軍部隊内の慰安所でした。お下げに結んだ美しい長い髪は必要ないとばっさり切られ、少女たちの懐かしい家族や故郷との縁も髪と一緒に無惨に切断されたのでした。

生まれ育った故郷は記憶のなかからだんだん薄れ遠ざかっていき、ワンワン吠える黒い犬の声は爆撃の音に埋もれていきました。母さんや父さんとは夢でしか会うことができないのに、そのたびに忘れ避けるようになり、友だちは少女の名前を呼んでくれませんでした。

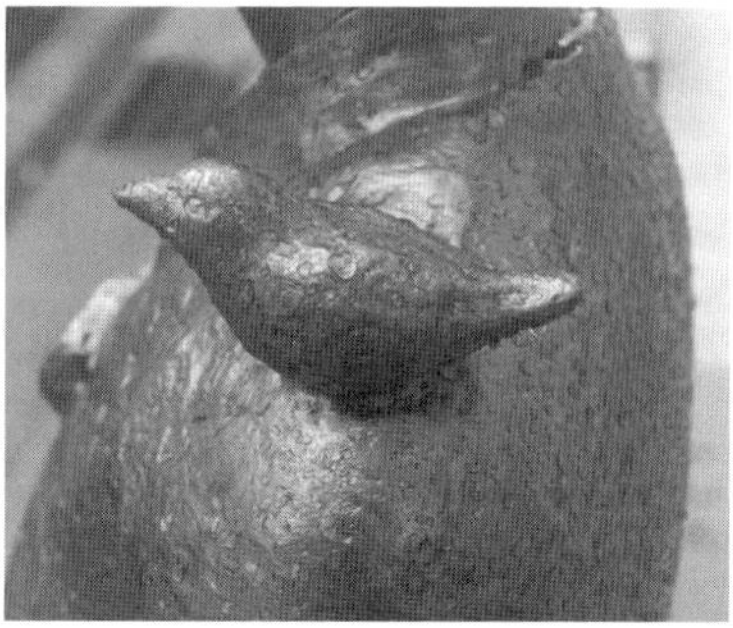
肩にとまる鳥。

そうして少女たちの意思とは無関係に縁の糸が切れてしまったことを、ぎざぎざに切られた髪で表現しました。《少女像》のすべての象徴は、一つひとつ作業をしながらつくられていったものです。最初は座っている少女だけだったのが、その後、髪型と手の形、足の形、顔の表情などに深く感情を込めて、新たにつくり変えていきました。髪型は、最初は短髪でしたが、お下げにし、また切られた髪に変わっていきました。

4 鳥

少女たちが、戦争の恐怖と暴圧のなかでもっとも切実に想った言葉は、おそらく自由と平和でしょう。おぞましい日々の生活のなかで切実に叫びたかった言葉は、自由よ、解放よ、平和よ!! 今とはくらべようがないほどに願っていた言葉だったでしょう。戦争の惨劇と廃墟のなかで迎えた一九四五年の解放は、ある人には喜びであり自由になれたのでしたが、ある人にはそのときから長い沈黙を余儀なくされ生きなければならないことを意味しました。その陰鬱な時私たちは、彼女たちが「天に戻った」と言います。そして、生き残った私たちは、地にいると言います。

名誉回復を受けられないまま「天に戻った」ハルモニたちと、いま凛として生き、懸命に真相を究明し、日本の真の謝罪を受けなければならないと言いながら「この地で生きていく」ハルモニたちの心はみんな一緒でしょう。

天に戻った少女たちと地に残った少女たちをつなぐ何かが必要だと思いました。この少女たちをつなげなければならないという思いで、鳥を肩の上にのせました。鳥は自由、解放、平和の象徴です。そして、天と地をつないでくれる、現世と来世をつないでくれる霊媒の象徴でもあります。

浮いたかかと。

5 かかと

「還郷女」(3)という言葉の意味が何なのか、中・高等学校に通っているときに学びました。そのとき私は、私たちがどうしようもなく憎らしかった。私たちの先祖が、家父長たちが卑怯で卑屈で野卑だったと感じました。それが私たちです。そして、いまも私たちは、その感覚から一歩も抜けだせていません。

実際、《少女像》はまちがいなく私たちの話でもあります。ただ、日本大使館前に設置されただけであって、私たちの痛みをそのまま表現し、自分を省りみ、反省することを促しています。

一九四五年、戦争犯罪国・日本は敗けました。しかし、解放を迎えた私たちの同胞は

3 おもに高麗と李氏朝鮮時代に「貢女」として連れて行かれ、苦難のすえ帰国した女性たちを蔑む言葉。

さすらいはじめます。遠い異郷に捨てられた人びとがかろうじて死の敷居を超えて故郷を探し、続々と戻ってきました。そのなかには日本軍「慰安婦」被害女性たちもいました。帰ってきた者たちはみな語ることのできない痛みを胸にしまっていたと思います。しかし、とりわけ日本軍「慰安婦」被害者たちは、自分が経験した痛みや苦しみをありのままに語ることができませんでした。

「汚れた女」、「売春婦」。残念ながら過去の「還郷女」から学ばされてきた歴史が繰り返されました。愚かな国家は、国を失い奴隷としてさすらいながら生きてきた人びとの傷に無関心を装い、懐かしい界隈の隣人や切ないほど会いたかった家族の冷たい視線は、彼女たちの背中を再び押したのでした。故郷の家族は彼女たちをさらに遠いところへつき放し、傷ついた彼女たちは一つ所に長くとどまることはできませんでした。

地面に着いていない少女のかかとは、痛みの歳月のなかをさまようように不安に生きてきた女性たちの人生を表現したものです。自分の場所にしっかりと立っていようとしても、楽にかかとを降すことができず、少女はいつも不安で居心地が悪いのでした。いつになったら少女は浮いたかかとを降し、楽に、地を踏みしめることができるのでしょうか?

6　ハルモニの影

時間が流れ続けても少女は少女の姿のままで止まっています。夢見ていた少女は夢を奪われたまま、再び夢を見ることができなくなりました。そして体は老いて腰のまがったハルモニになりました。

彫刻は少女の姿を描いたものですが、その少女の影は「ハルモニの影」です。《少女像》の影はいま現在のハルモニたちの姿を描いたものです。

これまでおさえてきた痛みのかけらの一つひとつが積もり積もって長い過去の時間をつくりあげ、ついにハルモニの影に変わりました。一人（少女）の影（ハルモニ）ですが、少女とハルモニは、異なる人間を表わしたものでしょうか？　そうではありません。つまり、ともに同じ人間なのですが、長い長い歳月が流れ少女は祖母になったのですよ！

　このようにハルモニの影は、少女たちがハルモニになるまで歩んできた長い時間のなかで経験した痛みを表わしたものです。この影をとおして、加害者の謝罪と賠償を受けられずに過ごしてきた歳月、ハルモニたちの怨みと恨《ハン》(4)がこもった時間を表現したかったのです。

　日本軍「慰安婦」被害者である吉元玉《キルウォノク》ハルモニが話された言葉のなかに、こんな言葉があります。


「日本を全部くれると言っても許すことができるか？　私の人生を返してほしい！」

　どうすればすさまじい記憶を胸のなかに埋めて生きてきたハルモニたちの人生を返すことができますか？　何をもってしても時を戻すことはできないのです。心は痛み、また痛みます。

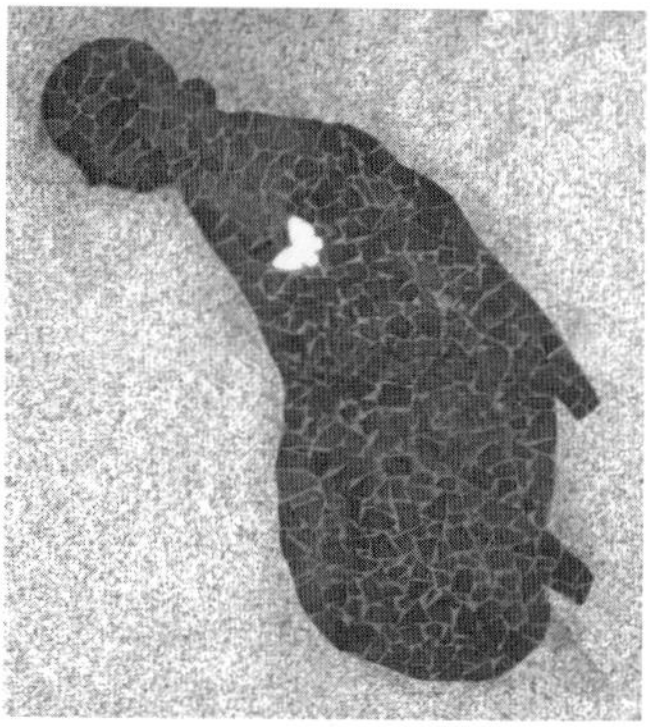

7　蝶

　この世を去ったハルモニたちは、何をしておられるでしょうか？　まだ怨みと恨《ハン》に胸が痛み、日本大使館前を離れることができずにいるのではないでしょうか？ひょっとしてまだ日本軍の軍靴の音に驚いて逃げているのではないでしょうか？《少女像》を制作しながら、あれこれ悩みます。そして亡くなったハルモニたちの霊魂をどうしたら少しでも穏やかに慰めてさしあげられるかと考えました。

　蝶は生まれ変わる「環生」の意味を持っています。痛みのなかに沁み込んだ恨《ハン》を

4　感情的なしこりや、痛恨、悲哀、無常観をさす朝鮮文化における思考様式の一つ。

きちんと解決されないままこの世を去ったハルモニたちを癒し、再び平和な世の中に生まれることを願う心を蝶に込め、ハルモニの影の胸に刻み込みました。

小さな蝶でも、亡くなったハルモニたちの苦痛の霊魂を癒したかったのです。そして蝶になってでもこの場所を訪ねて来られて、たくさんの人びとが問題を記憶にとどめ、解決しようとする姿を見守ってくださることを祈りました。

8 空いた椅子

椅子は空《あ》いています。数多くの叫びや歓声を路の上で、生のなかでともにした人びとがいた場所です。しかし、いまハルモニたちは、一人、二人とこの世を去り、消えていっています。

一九九一年、金学順《キムハクスン》ハルモニが世界に向けて勇敢な声をあげた後、二三八名のハルモニが日本軍「慰安婦」被害者として認められました。いまこの文章を書いている二〇一六年七月は、四〇人が生存しておられます。

歳月が流れる間、多くの方がこの世を去って、席が空きました。ですから、その場所に椅子を置くことにしました。残念ですが、その空席は今後も増えつづけるでしょう。このように空席を表現しましたが、同時にその席は、いつでも誰にでも開かれた席でもあるのです。この空いた椅子に誰でも座ってハルモニになった少女の立場から、日本大使館を眺めてほしかったのです。「私だったら……私の家族だったら」という気持ちで。

《少女像》を建ててから五年がたちました。二〇年の水曜集会はすでに二五年になりました。その間に亡くなったハルモニもたくさんいます。水曜集会が三〇周年になり、三五周年になったとき、何人のハルモニが生きておられるか、誰にもわかりません。みんなその席を離れても、私たちの世代も最後までこの場所を守っていくという固い決意が必要です。そうして、亡くなったハルモニたちに代わって《少女像》がその席を最後まで守るでしょう。

ハルモニたち、少女たちがつくった空《から》の椅子。
ハルモニと少女の心情を感じながら眺めなければならない場所。
ハルモニが座っていた場所、そして私たちがともにいなければならない空《から》の椅子。
私たちの子どもたちの平和な未来のために座らなければならない約束の椅子。
その場所は、そんな空いた椅子の場なのです。

9　両方のこぶし

最初に碑石をデザインしはじめたときから、日本政府は過剰な干渉をしつこくし続けました。しかし、そんな日本の干渉と圧力は、作家の感情を刺激し、それが《少女像》建立を決意させました。

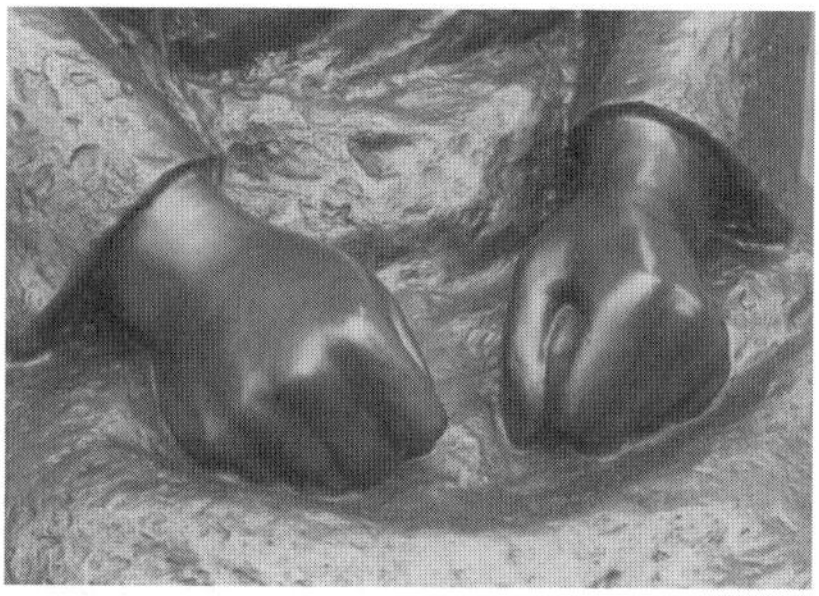

日本はさらに執拗に圧力をかけてきました。《少女像》の制作を問題視したかと思うと、ついには設置を不当とし撤去するよう干渉するにいたりました。

もともと《少女像》の手の形は静かに両手を重ねた姿でした。日本軍の口車にのせられたり、強引に戦場に連れて行かれた無邪気な少女の姿をそのまま見せたかったのです。しかし、《少女像》の制作に対しメディアを通じた日本の心ない反応と干渉に日々接しながら、少女にこれ以上静かに重ねた手をつくってあげることはできないと考えました。

日本の植民地支配時代、植民地の少女は何も知らないまま被害をこうむらなければなりませんでした。しかしいま少女は、日本の過去の戦争犯罪の真実を語り、これを証言しています。今後再び戦争により、女性や子どもたちが傷つけられ苦痛を受けないように平和な世界を実現するという決意の意味で、膝に静かに置かれていた少女の手はこぶしをぎゅっと握りしめた表現に変わりました。

10　顔

まだまだ無邪気で美しさを競うような年頃の少女たちの姿はどう目に映ったでしょうか？ 風に吹かれ陽の光に焼けてほんのりと赤く染まった純朴な顔、やぼったい顔が真っ先に浮かびました。

多くの人が「娘さんが《少女像》のモデルになったそうですが、《少女像》の顔は娘のどこかに似ているところもあるでしょうが、私たちは《少女像》を日本軍「慰安婦」として連れて行かれた多くの少女たちを包みこむ顔に表現したかったのです。ですから《少女像》の顔のモデルは

さんの顔ですか？」と尋ねます。娘誰でもないわけです。

当時の少女の典型的な姿を見出そうと昔の写真を集め、日本軍「慰安婦」被害者として記されたハルモニたちの少女時代の姿を参考にしました。ただ一人の人に日本軍「慰安婦」被害者の話を込めて表わすには、日本の植民地支配時代の被害の歴史と二〇年間の「水曜集会」の意味があまりに大きかったのです。ですからモデルはなく、その当時の少女たちを想像し、そのなかに恐れ、悲しみ、怒り、そして最後まで諦めないという意志を込めなければなりませんでした。幼くてもか弱くても堂々とした姿の少女を見せたかったのです。

少女の顔はどんな表情にしたらよいのか？ そして、どのような顔立ちにすべきか？ 少女たちの話を噛みしめながら、その痛みに共感し、当時の状況を想像して泣いたり怒ったりもしました。作制期間中は一日として心穏やかな日はありませんでした。

そうして、少女の顔は泣いたり怒ったりと変わり続けました。顔の形は丸く、目は二重ではなく、鼻は低いけれどか

わいく、口は……。何十回、何百回も変わる顔……、満足できる顔は簡単には生まれませんでした。《少女像》の制作で一番時間がかかった部分が顔なのです。あまりにも多くの少女たちの物語を抱えねばならないうえに、その表情の制作には長い歳月を必要としなければならず、設置されたその場所にある意志も刻みつけなければならなかったので、むずかしかったのです。

額、目、鼻、口、あごの位置で変化した姿、額の狭さ広さ、目と目の間の間隔、頬骨と顎の線の位置、目尻と口元の雰囲気のほんのわずかな違いが少女の顔全体の表情を左右しました。年齢は幼いが、日本から謝罪と反省を受けとらなければならないという意志がなければならないし、深い傷を受けたが、恐れず凛とした姿でなければならないし、憎悪はあるが怒りを超越した顔でなければなりませんでした。

さらに少女はただその時代の姿であるだけではなく、この地に戻ってきても苦しかった歳月を、そして証言をはじめて日本大使館前で二〇年間続いている水曜集会を導いた内容も表わさなければなりませんでした。だから強靭な意志も顔に込めようと努力しましたし、その姿が私たちだけではなく、この少女を見るすべての人が共感することを願って作業をしました。

悲しいけれど悲しくないように、怒っているけれど怒った表情ではなく、幼くてか弱い少女だけれど決然とした意志がこもった姿を表現しようとしたのです。ほんとうに毎日毎日の作業が共感をつくりだすための祈りでした。ついに顔をつくる作業から手を離した瞬間を、私はいまでも忘れることができません。

何十回、数百回と手を動かしながら作業を繰り返しました。粘土と手のぬくもりが一緒になって次第に柔らかくなりました。目元の繊細な表情を仕上げる作業から手を離し、少女と私はおたがいを見つめあいました。ついに探していた顔が出てきたことに感謝し、アトリエの床に伏せて深々と頭を下げて礼を捧げました。

11　平和の碑「碑文」

前に述べたように、《平和の少女像》はハルモニたちの一〇〇〇回の水曜集会を称えるために、「平和の碑」を建立しようというキム・パンス先生の提案ではじめたことです。平和の碑が《平和の少女像》として完成した頃、挺対協ではこの作業をより意味のあるものにしたいという意見が出ていました。《平和の少女像》のはじまりが「平和の碑」なので、できるだけハルモニのどなたかの文章を《少女像》に刻みたいと思いました。たとえ洗練されていなくても、ハルモニが直接書いた文字で制作することには大きな意味があると考えました。

しかし、私たちの心配は見事に裏切られ、吉元玉《キルウォノク》ハルモニは「平和の碑」の三文字をとても美しく書いて送ってくださいました。

最初に想像したものと実際にできあがった姿が違うことはよくあります。さまざまな人の心が集められ、よりよくなって意味が深まりました。このようにして、日本大使館前の《平和の少女像》が初めて完成したのです。

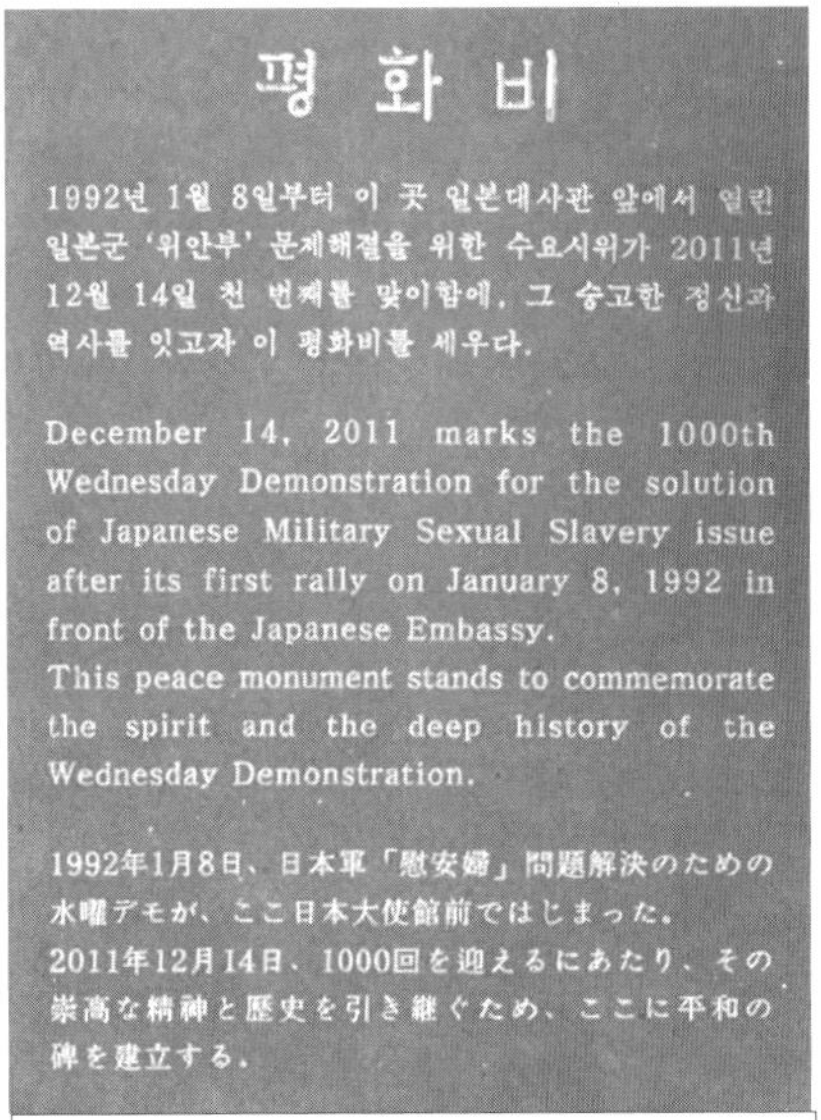
평화비
1992년 1월 8일부터 이 곳 일본대사관 앞에서 열린 일본군 '위안부' 문제해결을 위한 수요시위가 2011년 12월 14일 천 번째를 맞이함에, 그 숭고한 정신과 역사를 잇고자 이 평화비를 세우다.
December 14, 2011 marks the 1000th Wednesday Demonstration for the solution of Japanese Military Sexual Slavery issue after its first rally on January 8, 1992 in front of the Japanese Embassy.
This peace monument stands to commemorate the spirit and the deep history of the Wednesday Demonstration.
1992年1月8日、日本軍「慰安婦」問題解決のための水曜デモが、ここ日本大使館前ではじまった。
2011年12月14日、1000回を迎えるにあたり、その崇高な精神と歴史を引き継ぐため、ここに平和の碑を建立する。

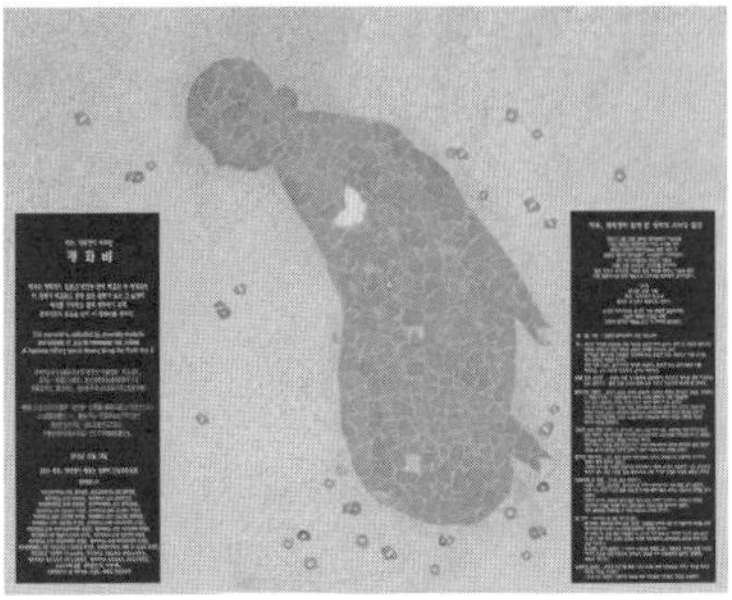

1992年1月8日、日本軍「慰安婦」問題解決のための水曜デモが、ここ日本大使館前ではじまった。
2011年12月14日、1000回を迎えるにあたり、その崇高な精神と歴史を引き継ぐために、ここに平和の碑を建立する。

12　日本大使館と《平和の少女像》

《平和の少女像》のもっとも重要な要素の一つは、まさに日本大使館前という場所です。日本大使館前に置かれた《少女像》の姿は、日本に向かって泣き叫んだり攻撃するような姿ではありません。ただ淡々と座って、日本の姿に向きあっているだけなのです。

しかし、安倍政権はこの《平和の少女像》がたいへん不満なようです。よほど気に入らなかったのか、韓日交渉のテーブルで《少女像》撤去を条件に、一〇億円を提示したのでしょう。日本政府の高官は、日韓「合意」後に「（財団が設立され）設立記念式をする日、在韓日本大使館前に慰安婦少女像がそのまま残っていたり、そこで集会をすることは、私たちとしては想像したくない」と言いました。

私たちは、いま待っています。いつか日本政府が、被害者の立場を深く思いやり懺悔する日を。そして、少女のぎゅっと握った拳を握りひざまずいて謝罪する日を。

（巻末に英語の概要を掲載しています。）

7.《少女像》の18の話

キム・ソギョン＋キム・ウンソン

〈ＪＡＡＬＡ展〉で撤去された《少女像》

〈ＪＡＡＬＡ（Japan, Afro-Asian, Latin American Artists' Association）展〉という展覧会があります。日本の画家が中心になってアジアの民衆と連帯する作品を展示してきた国際展覧会です。二年に一度東京都美術館で展示をします。ＪＡＡＬＡの趣旨文を読んでみると、本当にすばらしいことがわかります。そのなかの一部を紹介しましょう。

「日本は急速な西洋化＝近代化によって、植民地従属国になることをまぬがれたばかりか、帝国主義国家に仲間入りして、アジアの諸隣邦を植民地化し、侵略・抑圧・搾取をほしいままにした、第三世界で唯一の国である。さらに日本の企業は今日、第三世界のほぼ全域に進出し、経済侵略、人権抑圧、資源搾取をつづけ、日本政府も経済援助、技術提携などの名でこれら諸国への支配を強化しつつある。日本の美術家は第三世界に「後進性」を押しつける経済侵略に支えられて、擬似的な「近代性」を誇ってきたのである。われわれは第三世界の美術の実情を知り、交流・連帯をつよめることなしに、こうした日本美術の空洞と恥部を切開することはできない。」（日本、アジア・アフリカ・ラテンアメリカ美術家会議「趣意書」（針生一郎）より）

韓国の民族美術人協会も継続してこの展覧会に参加しています。二〇一三年の〈JAALA展〉では《少女像》のミニチュアも展示作品として送りました。ところが展示の途中で、作品二点が撤去されました(1)。撤去された作品は、日本軍「慰安婦」ハルモニを描いた画家パク・ヨンビンの作品と私たちが送った《平和の少女像》ミニチュアです。

少女像のミニチュア。

そんなことが起こった以降も、何事もなかったかのように〈JAALA展〉の展示は隔年で開かれています。JAALA展のリーダーの役割をしていた針生一郎（二〇一〇年死去）先生がおられたら、とうてい起こりえないことでした。韓国民族民衆美術の価値と表現の自由を尊重していたら、このような想像を絶する事件が作家との一言の相談もなく起きることはなく、虚しくて戸惑うばかりです。

1　二〇一二年八月一二〜一九日開催の東京都美術館「第18回JAALA国際交流展」に出品されていたキム夫妻の日本軍「慰安婦」をテーマにした《少女像》と、パク・ヨンビン「慰安婦！」（油彩画）が、同館運営要綱に抵触するとして会期四日目に美術館側によって撤去された。理由は、同館の運営要綱の「特定の政党・宗教を支持し、又はこれに反対する等、政治・宗教活動をするもの」に抵触するというもの。主催者側が抗議したものの、結果的に撤去された。撤去された二作品は、一〇月、原爆の図丸木美術館「今日の反核反戦展二〇一二」で特別展示された。一一月、メディア・アーティストの大榎淳らが東京都美術館の壁に作品映像を投影する抗議行動をした。

現場で再び色を塗る（撮影・安世鴻）。

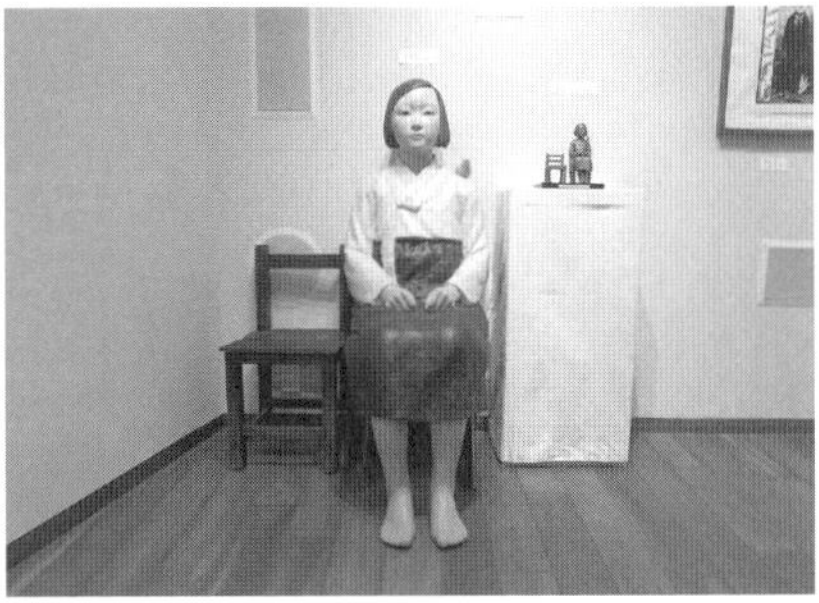

〈表現の不自由展〉に展示された二つの少女像（撮影・安世鴻）。

表現の不自由展

日本で〈表現の不自由展〉[2]をするので作品を出展してほしいという連絡を受けました。どんな展示かと尋ねたところ、日本で表現の自由を侵害された作品を選んで開く展覧会だと言います。具体的には、靖国反対、天皇制反対、日本軍「慰安婦」問題などを扱った美術・映画・出版・メディアの作品を集めて展示するということです。〈JAALA展〉で《少女像》のミニチュア撤去事件があったので〈表現の不自由展〉に《少女像》を展示したいと連絡してきたのです。私たちは快く承諾しました。

展覧会は、二〇一五年一月、東京にある小さな個人ギャラリー〔ギャラリー古《ふる》藤《とう》〕で開かれました。表現の自由を渇望する人びとが「表現の不自由展実行委員会」をつくり、この催しを主催しました。長い時間準備してきた企画のおかげで進行は順調でした。

不測の事態を思い、《少女像》の通関のために三等分するという痛みも経験しなければなりませんでした。それを再び一つにする接着材料を持参し、会場で組み立てた後、再び色を塗り直しました。この場を借りて、「《少女像》ごめんなさい」と言っておきます。

私たちは展覧会の間、二回の講演をしましたがたくさんの反響をえました。展示と講演で出会った方々をとおして、日本の生きている良心も感じることができました。右翼からの万一の侵犯を防ぐために守ってくださった方々は私たちよりずいぶん年配の方々でした。感謝以前に申し訳ない気持ちでいっぱいでした。

また、この展覧会をとおして知らなかった事実に接しながら、心がとても痛みもしました。ある女性は《少女像》を日本で見ることができてとてもうれしいと言い、涙を流したりもしました。その女性は、韓国に行くことができないので、《少女像》を直接見ることができないと言いました。彼女の国籍は大韓民国でも、朝鮮民主主義人民共和国でも、日本でもない、「朝鮮籍」でした(3)。

戦争が終わって解放され、朝鮮半島が南北に分断された当時、日本に残っていた朝鮮人たちのなかに、統一された祖国を願ってどちらも選択していない人びとがいました。彼らは「朝鮮籍」という国籍を持って、日本で生きています。

ある女性に取材しようとして「どこから来たのですか」と尋ねたところ、「自分は朝鮮籍のなにがしだ」と言いました。そして「両親の故郷はどこか」と尋ねたら、「全羅《チョルラ》

作家トークイベント、2015年1月18日。

2　ニコンサロン「慰安婦」写真展中止事件の裁判を支援する市民らが中心となり、排外主義や性差別、日本の植民地支配責任・戦争責任の否定を背景とした不当な攻撃によって表現の自由が侵害されるのがマイノリティであるという危機感を持って、そのことを可視化するために企画・開催。二〇一五年一月〜二月までの開催で約二七〇〇名を集めた。二〇一九年には、あいちトリエンナーレに招待され、「表現の不自由展・その後」として開催。開催三日目にあいトリにより展示中止となり、実行委員会による仮処分申請をへて、会期終了前の六日間のみ限定再開された。

3　一九四七年五月に外国人登録令が施行された際、朝鮮人の国籍欄には便宜的に出身地を表わす「朝鮮」が記載された。一九五〇年には「韓国」と記載することが可能になり、日本政府はこれを韓国国籍として扱った。だが今日にいたるまで「朝鮮」と記載されている者の国籍を日本政府は認めず、無国籍状態のまま留めおかれている。

道光州《ドクァンジュ》だ」と答えました。「一度も行けなかった自分の両親の故郷である光州に必ず行ってみたい」と聞いたとき、突然目頭が熱くなりました。

韓国でも歓迎されるとは限らず、日本で数多くの差別を受けながら世代を継ぎ守ってきた一つの祖国にたいする心……。このような同胞たちのためにも、朝鮮半島の分断を一日も早く終わらさせなければならないという思いが自然に出てきました。

受難にさらされる《少女像》

鈴木信行(4)、この名前は忘れることができません。

彼は二〇一二年六月に《少女像》の椅子の足に「竹島は日本固有の領土」と書かれた杭をひもで縛ったという、いわゆる「杭テロ」を恣行した日本人です。日本の右翼団体「維新政党・新風」代表(当時)であるこの人物は挺対協事務所前にも「慰安婦＝性奴隷という嘘をやめろ！」という張り紙も貼りました。

米カリフォルニア州グレンデールの《少女像》に袋をかぶせて嘲笑していたアメリカ人、《少女像》を「売春婦」と表現した日本のデザイナー、《少女像》を小さくつくって毀損した日本の極右団体もあります。彼らがすることは、とても稚拙に思えます。

事実、こうした行動を見ると、腹が立ち感情的に対応するようになります。ところが、むしろ「慰安婦」被害者ハルモニたちは毅然と対処します。金福童《キムボットン》ハルモニは水曜集会で鈴木信行の「杭」を笑いながら、「そんな人に対応するな。そんな奴に対応したところで、よりよろこぶだけだ。むしろ、その人にありがとうと言いたい。その人のおかげで、平和の碑と博物館を知らなかった人たちがどれだけ多く知るようになったか！」と言い、余裕の対応をしました。ハルモニたちにまた一つ学んでいます。

「簡単に怒らず長く行こう、最後まで……」

差し入れをする「ごはんカー」。

《少女像》を守る人びと

二〇一五年一二月二八日、韓日両国の外相が「慰安婦」問題で「合意」したと発表しました。「合意」事項には、《少女像》の撤去に関する内容も含まれています。江原道《カンウォンド》から済州島《チェジュド》にいたるまで、全国の大学生と市民たちが「合意」の無効と《少女像》を守るため徹夜の見張りを開始しました。《少女像》を守る大学生たちを支援するために、各界各層からたくさんの物品が届きました。

定期的に「もう一つ《オルタナティブ》の世界はご飯に通じる！　もう一つの世界を夢見るごはん車《カー》　胃袋！」という文字を記した「ごはんカー」が来て食事を差し入れしてくれます。座込み現場の前に乗用車をいきなり止めて市民たちが名乗らず物品を置いていきます。寝袋は不法物品だと制止する警察の間から、歌手イ・スンファンさんとジュ・ジンウ記者が毛布と寝袋を差し入れてくれます。市民たちは《少女像》を守る大学生たちにカイロやミニヒーター、飲料水、食糧などの支援物資を絶えず持って来てくれました。芸術家たちは詩や歌など芸術行動でさらに豊かで幅広いデモを実現しました。

4　現在は葛飾区議会議員で日本国民党代表の鈴木信行氏が起こしたこの事件は、当時、韓国マスコミでは大きく報じられたが、日本のマスコミ報道はなかった。二〇一三年に韓国で被害者への名誉毀損罪などで起訴された以降、本人は一度も出廷していない。「慰安婦被害者侮辱の日本人被告　二〇日に今年初の公判」『聯合ニュース』二〇一九年三月一七日など参照。

このような行動は、いまだ完全な名誉回復をできずにいるハルモニたちにとって癒しになり、さらにより大きな希望になるだろうと思われます。そのような希望が力になってハルモニたちは、二五年前には自分の話を知らせて名誉を回復することを優先していたと思いますが、今は子どもたちが戦争で苦しまない平和な世界で暮らすことができるよう今日も水曜集会に出ておられます。

愛される《少女像》の話

初めて《少女像》を構想したとき一番重要だと思ったのは、「どうすれば、多くの人たちにこの痛ましい歴史を感じてもらうことができるか？」ということでした。そこで全身で痛みを感じるようにするにはどうしたらよいか、悩みました。

傘をさしかけられる。

日本大使館前の少女像宛に届いた手紙。

多くの人がこの少女に声をかけ愛してくれるのが念願でした。幸いにもこの願いは、二〇一一年真冬に行なわれた除幕式初日から成し遂げられました。

《少女像》をよろこぶあたたかいまなざし、《少女像》が寒いだろうとマフラーを巻く手、素足が痛くないかと自分のマフラーで包んでくれた手、そこからはあふれる愛と思いやりの情を感じました。その後も《少女像》はきれいなセットンチョゴリ（陰暦の正月に着る五色の袖が特徴のチョゴリ（上衣））もプレゼントされ、飴はもちろんお年玉までもらい、手紙もいただきました。寒いときはコートをか

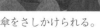

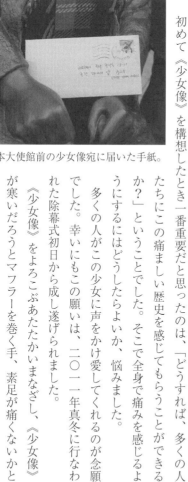

いつもさまざまなプレゼントでいっぱい。

けてくれ、雨が降る日は傘をさしかけ、雪降る日には帽子をかぶせてくれる愛情のこもった手と心がありました。

ところが、ある方は《少女像》をとてもかわいがって大切にする心からか、《少女像》に手もふれません。私たちが《少女像》をつくるときには娘のように、姉のように思って《少女像》を撫でてもらいたい気持ちがあったんですよ。思いっきり顔も撫でて手も握ってください。

二〇一五年一二月二八日、拙速に処理された韓日「合意」後には誰かが風邪頭痛薬も持ってきていました。根本的な解決をせず韓日政府に対抗して闘おうとするなら、《少女像》もハルモニも悪いところなく元気でいなければならないでしょう。真実を否定する日本の右翼の人にまれに傷つけられることもありますが、このように愛される彫像は世界中でどこにあるだろうかと思います。《少女像》を大事にしてくれるすべての市民に大きな感謝の気持ちを伝えます。

一緒につくった社会美術《ソーシャルアート》

《平和の少女像》は、公共美術《パブリックアート》でありながら社会美術《ソーシャルアート》でもあります。すべての芸術は、社会的産物なのですから、社会を反映しなければならないと思います。

《平和の少女像》、この作品は私たちのそうした考えと意志を示す作品です。大学時代から不条理な世界を知るにつれ、社会にたいする目が開かされ、社会的な意味を込めた作業を粘り強く行なってきた過程で誕生したものです。このような《平和の少女像》は社会性、公共性、大衆性、歴史性、場所性を担っています。

この《少女像》はご存知のとおり、日本軍「慰安婦」被害者のハルモニたちが闘ってきた「水曜集会」一〇〇〇回の歴史が込められています。ハルモニたちの二〇年にわたる一〇〇〇回の「水曜集会」でなかったら、生まれてもいなかったでしょう。

繰り返しになりますが、最初は少女像ではなく、碑石として企画されました。挺対協はキム・パンス先生の提案で碑石を建てる計画を立て、私たち夫婦はそのデザインをしました。そんななか、日本政府は碑石設置に反対し、さまざまな方法で介入しました。《少女像》の設立直前に武藤正敏駐韓日本大使〔当時〕は外務部〔外務省にあたる〕を訪問して、「韓国政府が日本大使館前の平和の碑を建てないようにしてほしい」と要請したという話も聞こえてきました。

この介入に心が傷ついた作家たちは石碑ではなく、彫刻の像をつくろうと提案したのです。挺対協も積極的に賛同しました。最初はハルモニの像を制作しようと思いましたが、構想段階でキム・ソギョン作家が少女像を提案し、周囲の反応もよく《少女像》をつくることになったのです。

《少女像》が設置された日（二〇一一年一二月一四日）、藤村修官房長官〔当時〕は記者会見で、「建立が強行されたことは、誠に残念だ。今後、韓国政府に撤去を申し入れていく」と明らかにしました〔『朝日新聞』二〇一一年一二月一四日夕刊〕。

このように《少女像》は多くの人びとの協議と提案、そしてさまざまな介入など紆余曲折をへてつくられた社会的芸術なのです。

息子よ、私の恨みが解けるまで闘っておくれ！

《少女像》の前の通りには、日本軍「慰安婦」被害者ハルモニたちの二〇年間のすべての叫びがそのまま込められています。春、夏、秋、冬が二〇回も過ぎた歴史性を持っています。

一九九二年一月八日、水曜集会をはじめたとき二三八名だったハルモニたちはいま四〇名だけになりました。しかし、力になってくれているハルモニたちがまだこの場を訪れ、「私に罪があるなら、朝鮮の娘に生まれたことだけだ」と言われます。

宮澤喜一元首相の訪韓［一九九二年一月一六日］を控えてはじまった水曜集会は、「被害者と市民たちが連帯する場所、生きている歴史教育の空間、女性の人権と平和を叫ぶ場、国境と理念、そして世代と性別を超えた連帯の場として定着してきた」と挺対協は評価しています。

水曜集会をとおして日本政府に要求する七項目は、戦争犯罪の認定、真相究明、公式謝罪、法的賠償、戦犯処罰、歴史教科書への記録、追悼碑と史料館建設です。

ハルモニたちが生きている間にこの要求への答えを受け取らねばなりませんが、もし日本政府がこれを拒否した場合、ハルモニの息子、娘、孫、孫娘である私たちが、その歴史的な課題を受け継がなければなりません。

二〇一五年一二月三〇日に開かれたその年最後の水曜集会では、故イ・ヒョスンハルモニの息子が参加し、母親のための詩を朗読しました。

「きびしい歳月　死ぬこともできず、生きてきた／私の恨みが解けるまで闘うことを／約束しようと言った母の言葉／どれほどしこりが深く苦しければ／この言葉を残せるのだろうか……／母さん、約束するよ、約束します／苦痛なき場で安らかにお休みください」

寒いだろうと靴下をはかせる。

なぜ日本大使館前なのか

公共造形物が建てられるとき、特に考慮すべきことの一つは場所性です。場所が担う役割はそれほど大きいからです。

最近、彫刻作品が場所性と無関係に設置される場合がみられますが、これはおそらく、文化芸術振興法(5)のためです。造形物を建築物の付属物として考え、その意味がまさに装飾品の役割を超えられない場合が多いのです。しかし、公共造形芸術というときは、その作品がそこになければならないという意味と内容を当然備えねばならず、したがって造形物は、それにふさわしい設置場所を見出さなければならないと思います。

もし《平和の少女像》が日本大使館前ではなく、南山《ナムサン》の頂上や明洞《ミョンドン》のど真ん中にあったらどのような反応が起きるでしょうか？

最初の《平和の少女像》が二〇年間のハルモニたちの水曜集会が行なわれた日本大使館前に建てられたからこそ、その反響が大きかったのだと思います。

静かな感動を期待して

《少女像》は台座と道路の高さに差がありません。同じ高さの椅子に座るわけですから、目の高さが同じになります。華美だったり過激な形状もありません。ただ《少女像》が静かな感動、小さな余韻を持ったらと思う素朴な気持ちで制作に取り組みました。

日本大使館前に設置した最初の日から、人びとがあたたかく接してくれました。マフラーをもってきてくれる手にあたたかな心を感じました。地面から浮いたかかとを見せなければならないのに、人びとがいつも靴下を履かせてくれます。むしりとられた髪を見せなければならないのに、いつも帽子をかぶせてくれます。

空いた椅子に一緒に座って少女の涙を一緒にのみ込まなければならないのに、ハルモニの恨《ハン》を抱えて日本大使館を一緒に見なければならないのに、どんどん花を置きます。その場面を見ながらとてもありがたくて涙が出ます。

こうして人びとは、《少女像》に自身の心を与え、そのあたたかい心のつながりが継続していきます。すべての人びとに感謝の気持ちを申し上げます。

誰でも空《あ》いた椅子に座って見ることを

《平和の少女像》一号が、ソウル鍾路《チョンノ》区中学洞の日本大使館前に建てられて以降、全国から《少女像》の設置要請がたくさん入ってきました。光復七〇周年を迎えた二〇一五年にはさまざまな地域から設置の注文が多かったのですが、二〇一五年の一二・二八韓日「合意」の影響か、いまも相変わらず連絡がきます。

《少女像》の設置を望む地域の市民団体や自治体と相談しながら場所性、歴史性、大衆性などについて話し合います。そのとき欠かせないのが接近性です。できるだけ多くの人が《少女像》に接することができたらと思っています。

事実、多くの市民がマスコミを通じて《平和の少女像》の存在を知っています。しかし直接見れば、もっと関心をも

5　文化芸術の振興の事業や活動を支援することで、伝統文化芸術を継承し新しい文化を創造して、民族文化の暢達を目的とする韓国の法律。第9条で、「大統領令で定める種類や規模以上の建築物を建築する者は、建設費の一定割合に相当する額を絵画・彫刻・工芸など美術作品の設置に使用しなければならない」とし、それにより文化芸術振興基金を拠出するとされている。

2015年12月12日、海南《少女像》除幕式で公演した学生たち。

2015年10月3日、世宗市に《平和の少女像》を設置した日、最初に空いた椅子に座った少年。

つようになり、空いた椅子に座って《少女像》と一緒に写真を撮れば情がさらに深まり、《少女像》が持つ隠れた物語を知れば少女たちの心情をより深く考えてみるようになります。このようにして、過去の少女と、現在のハルモニの胸が痛くなる事情を感得し、それによって平和の大切さに気づかされます。

《少女像》を直接見た人よりも、一度も見たことのない市民のほうがまだはるかに多いのです。日本は《少女像》を撤去しようと引き続き機会をうかがっています。私たちは、韓国だけでなく、世界のより多くの人がこの芸術作品をとおして歴史的な真実に目をひらかされるよう、もっと多くの《少女像》を建てていきたいと考えています。

ともにする文化芸術家がさらに増え

《少女像》がつくられてから、小説家尹《ユン》静《ジョン》慕《モ》さんの「慰安婦」を主題にした歴史童話『オモニの名前は朝鮮ピーだった』(6)や韓国の劇団コレ〔クジラの意〕の〈赤い詩〉(7)などが演劇としてつくられ上演されました。《少女像》が建立されながら、文化・芸術的に拡散され続けています。ミュージカル、映画、漫画、ドキュメンタリー、アニメーション、小説、詩、童話、絵画、彫刻、歌、音楽、パフォーマンスなど多様なジャンルに広がっています。

二〇一二年八月一五日の水曜集会で、〈二等兵の手紙〉の作詞・作曲家である歌手キム・ヒョンソンさんが《少女像》を素材にした歌「平和の少女像」を発表しました。

故郷の夢さえ見ることができない暗い日　ふと見える裏庭の小さな少女よ。
白い柿の花を拾いあげて笑う、もしかすると私だったかもしれない小さな少女よ。
目を開けて見ることのできぬ残酷な日々。
血に染まり引き裂かれたチマ〔スカート〕、私の体。
玉《オク》よ、順《スン》よ、粉《ブン》よ、その名前たち。
もうこの世にいないが、心に刻もう。
おかっぱ頭　かわいかった朝鮮の娘たち　雨　雪に打たれ、ここに座っている。
罪を許してあげよう。しかし心に刻もう。
おかっぱ頭の少女が座っている。

このような音楽は加害国である日本の右翼が《少女像》を卑下する形式とは質的な違いを見せ、むしろ被害国の市民

6　尹静慕作『母・従軍慰安婦　かあさんは「朝鮮ピー」と呼ばれた』鹿嶋節子訳・金英達解説（神戸学生青年センター、一九九二年）。
7　韓国の劇作家で劇団コレ代表の李海性《イヘソン》作・演出。「慰安婦」被害女性と現在も続く性暴力によって自死した女優の物語を重ね合わせながら、メディア、政治家、市民社会の「巨大な沈黙」を描く作品。本作品で劇団コレを旗揚げし、再演を続けている。

社会の成熟をみせてくれます。
二〇一五年八月一四日、南海《ナメ》のスギ公園の《平和の少女像》の除幕式を見て、クァク・ギヨン詩人は「椿は泣いた」という詩を書きました。

私は本当に
海辺に咲く椿が好きで
竹籠、クワ持って貝を採りに行っただけだった
私は知らない
海辺でわけもわからないまま
親兄弟に挨拶もできず、引きずられながら涙を流すだけだった。
そのとき私は一六歳、名前はパク・スギ。

このような芸術表現は加害国を断罪することに目的を置いていません。おたがいに自分自身を振り返り、本当に反省しながら和解をして、相手の心をいたわることができる平和な世界にしていこうという願いで作品をつくっています。

《少女像》の友だちが増えるほど

過去二〇年余りの間、ハルモニたちは挺対協、ナヌムの家、そして数多くの支援者たちと手をとりあって、それこそ渾身の力をつくして正義の闘いをしてきました。しかし、人間の寿命には限界があるものです。ハルモニたちは一人またひとりとこの世を去り、最初に水曜集会をはじめたときは若くてあどけなかった活動家たちの頭にも、いつの間にか

白いものがちらほらしています。

しかし、謝罪と反省を知らない日本政府は時間稼ぎをし続けて、ハルモニたちの謝罪と法的賠償要求にはビクともしていませんでした。

徐々に怒りが切なさに変わる頃、ハルモニたちと女性人権運動家たちの心が一つになって《少女像》が誕生したのです。その後、水曜集会に参加する人はさらに増え、より大きな歓声が響きわたるようになりました。《少女像》が米国、カナダにも建てられながら、世界の良心が「慰安婦」(性奴隷)問題にさらに注目するようになりました。

二〇一三年三月九日には、米国ニュージャージー州ハッケンサックにあるバーゲン郡裁判所前のメモリアルアイランドに「慰安婦」追悼碑〔記念碑よりもより偲ぶ思いや願いが込められた碑〕が建立されました。メモリアルアイランドは、米国の奴隷制度で犠牲になった黒人と、ナチスに虐殺されたユダヤ人、アイルランド大飢饉、アルメニアの虐殺など人権問題を扱った四つの追悼碑が設置されているところです。

米国で四番目に建立されたこの追悼碑は、他の場所とは異なり、バーゲン郡の主導のもとに建てられました。ですから日本が介入する余地がまったくなかったそうです。

二〇一五年一二月二八日の韓日「合意」で日本軍「慰安婦」問題が妥結したかのように喧伝されていますが、解決されたことは何もありません。日本政府が隠そうとすればするほど、《少女像》を撤去しようとすればするほど、抵抗の声はさらに強まり、彼らは率直に戦争犯罪について謝罪するのが最善の選択であることを知るようになるでしょう。

政治色が強すぎるのではないですか?

時々、私たちに「作品があまりにも社会的で、政治色が強すぎるのではないか?」、「美術家があまり扱わないテーマをなぜ好んで扱うのか?」という質問をする方がいます。美術的表現に集中していないというのでしょう。

事実、純粋な美術的表現が何なのかよくわかりません。政治色を抜き、社会的な役割をのぞき、経済的利益も排除する美術が本当の美術ですか。これこそ美術にたいするとんでもない誤解だと思います。私たちはすべての美術が社会的、政治的産物であり、経済性を持つと考えています。たとえ宗教的芸術品だといってもそうだと思います。

人類の歴史をよく調べてみると、政治、経済、社会と無関係に生まれた作品はありません。政治的な芸術について私が例としてよくあげる作品があるのですが、それはほかでもない、キリスト教の絵です。三三歳のイエスが十字架に掛けられ死んでいった絵をはじめ、数十万点のキリスト教美術品の意味をよく考えてみてください。キリスト教の聖画の相当数が政治的で社会的な作品です。イエスの十字架は死そのものが政治的事件ですからそうなるしかないのでしょう。

これに比べて《平和の少女像》はそれほど政治色が強い作品ではないと思います。今後、日本軍「慰安婦」を素材にした、より政治的な作品が現われなければならないのではないでしょうか？

民族的な表現ではないか？

《平和の少女像》が「民族的な表現ではないか？」という質問を投げかける方がいます。

この場合の「民族的」というのは、旧態依然であったり、少し古い感じを与えるという意味なのでしょう。《少女像》には、民族主義的な感じがあり、したがって古くて陳腐な意味が込められているのではないかという問題提起のようです。グローバル化が語られる今、世界で民族という概念が洗練されず、陳腐だと思っているのでしょう。

さて、民族主義を問題にする方に一つ伺いたい問いがあります。解放後、韓国社会に確固たる民族主義があったことはありましたか？ 親日派(8)の清算もできず、親日派が勢力をえた社会で真の民族主義が可能だったでしょうか？

結論として申し上げるならば、《少女像》が民族的な作品であることはそのとおりです。《平和の少女像》に込められたものは、日本が私たちの民族を侵略することで生じた民族問題ではないということにはできません。日本の帝国主義の時期に起こった朝鮮民族の受難の問題であり、この民族問題は、いまだその後の処理が終わっていない歴史的な事件なのです。

このような点から、《平和の少女像》は民族的な表現と言えますが、付け加えると人類の普遍的な人権問題を含んでいます。「慰安婦」、「性奴隷」問題は、戦争という暴圧の下に行なわれた女性の人権蹂躙、それも未成年にたいする性犯罪問題に間違いありません。

同時に《少女像》には支配と被支配の構造が込められています。日本軍「慰安婦」問題は、日帝総督府時代、日本軍主導の下に行なわれた事件です。ところが、植民地支配権力に従属して生きていた親日派のほとんどは、日本軍の強制徴集、強制徴用と同じく、「慰安婦」募集からも除外されています。貧しくて力のない植民地の被支配者、労働者と農民の娘だけが連れて行かれました。《少女像》は、まさにこのような植民地民衆の娘を形象化したものです。

おかっぱ頭と黒いチマ〔スカート〕

白と濃い灰色で彩色した少女像。

「《少女像》の髪は、昔は短髪ではなかったのに不適切ではないですか？　日本の植民地支配時代、日本軍「慰安婦」があった時期には、韓服は白いチョゴリに黒いチマではなかったのに、まちがっていませんか？」

《平和の少女像》を博物館式の歴史的な再現品目

8　朝鮮語の「親日派」は、日本による植民地支配下で日本帝国主義への協力行為、協力者をさす。

と判断しようとする人がいます。純粋に疑問を持った方もいますが、ときには《少女像》を卑下するために故意にこうした疑問を広めたりもします。

まず《平和の少女像》は実在していた歴史の主題を扱っていますが、博物館のようなところで歴史的事実を再現するために依頼された作品ではなく、純粋に創作です。創作品は作家の思考のなかでさまざまな象徴を組み合わせることもあり、時には誇張、縮小、歪み、変形のような表現方法をとおして作家が求める内容を伝えます。

短髪も一つの象徴です。少女たちの意思とは関係なく、親きょうだいとの縁が切られてしまったことをギザギザに切られた髪、短髪で表現したものです。

ある方は、「白いチョゴリに黒いチマは当時の少女や女性が好んで着る衣装ではなく、かつて梨花《イファ》女子高校に通う学生だけが着る制服のような服だった。そして、のちにそれが流行して妓生《キーセン》たちが着ていた服だったが、なぜ歴史的事実に合わせずわざわざそんな服を着せたのか？」と質問したりもします。

このような質問を投げかける方は、日本大使館前の《少女像》を正確に確かめることをお願いします。《平和の少女像》は青銅の材質でつくられ、全体が真鍮色になっています。そのため《少女像》をして、白いチョゴリに黒いチマだと語ることは論点から遠く外れたものだと言えます。

目に見える事物そのものでのみ問いただすなら、では「ハルモニの影」は何ですか。肩の上にのっている鳥は何ですか？　考証は不可能でしょう。重要なことは、作家の意図と象徴を読み取ることです。

また、《少女像》の原形〔ＦＲＰ製〕を展示したり、大学の講義に一緒に連れて行きながら、色を塗るようになりました。どうせならきれいにしたかったのですが、真紅色のチマのような派手な色を塗ることはできませんでした。ですから、彩度が低い、ほとんど色がない白と濃い灰色で塗りました。少女の顔が一番よく見えるようにするためでした。少女の顔はほんのりと赤く上気した姿で表現したのですが、少女が出会う人びとにたいするときめきを伝えたかったからです。

暴力的であり、二分法的な内容を盛り込んだ国家主義の表現物?

二〇一六年三月一九日、ソウルで開かれた「《少女像》の芸術学」討論会であったことです。『帝国の慰安婦』の著者朴裕河《パクユハ》教授の熱烈な支持者として知られる一人の美術評論家が覚悟を決めたように《少女像》の批判を吐きだしました。愛情のこもった批判はいつでも歓迎です。ところがこの方の批評は非難でした。批評の要旨は次のとおりです〔討論会の内容は、ソウル文化財団機関誌『文化+ソウル』二〇一六年四月号に掲載されている〕。

「《少女像》はたいへん間違ったものだ。暴力的であり、二分法的な内容を盛り込んだ国家主義的思考から出てきた国家主義表現物にすぎない。」
「《少女像》の再現イメージは私たちの社会に被害者と加害者という二分法的世界観を再現している。」
「《少女像》は純粋さを示している。純粋さは、被害者となった。被害者は、加害者の暴力に対抗するために暴力性を持つ。したがって、加害者と同様に、暴力性を有する。したがって、《少女像》は芸術性どころか暴力性を現わす二分法的な彫刻にすぎない。」

この評論家の言葉と文章は、まるでギリシャの哲学者ソクラテスが批判した詭弁論者ソフィストを連想させます。作品の本質とは無関係な、まことしやかな修辞で作家と作品をもてあそんでいるのではないかと問い質したいと思いました。本当に言い返す価値さえない知識人の言葉遊びに惨憺たる思いでした。その人は《少女像》の前に一度でも来て見たのか、それともどんな内容なのかを調べたりしたのか、わかりません。水曜集会に来て「慰安婦」被害者のハルモニと《少女像》に向かいあっても、こんなことを言うのなら、「考えるのは自由だ」と思って笑って見過ごします。

《平和の少女像》に対する日本の反応はどうか？

二〇一五年一月、東京で、〈表現の不自由展〉展覧会に参加して講演をしました。小さな個人ギャラリーで開かれた〈表現の不自由展〉は、日本で天皇制、「慰安婦」などを素材として扱って展示拒否や撤去、圧力などを受けた作品だけを集めた催しでした。

《少女像》への反応はとてもよかったです。《少女像》を見た日本人たちは隣に座って記念撮影したり、熱心に考え込む様子を見せたりしました。ところが、日本の人びとの多くは《少女像》を反日の象徴として認識しているようです。《少女像》の各部分の象徴が示すように、《平和の少女像》は傷ついた朝鮮の幼い少女の話を込めているにもかかわらず、です。

ある日本の観客は、なぜ日本に反対する《少女像》を制作して広めるのかと言います。そこで《平和の少女像》に込められた話を詳細にすると、自分が間違っていたと言います。このように日本人には《少女像》の内容が誤って伝えられていたり、「慰安婦」の惨状が歪曲されて伝えられている場合があります。

人間は、自分が接した情報を根拠に思考するものです。正確で多様な情報を提供し、適切な選択をできるようにすることが、政府とメディアの役割です。ところが、政府とメディアが歪曲された情報だけを一方的に提供すれば、市民は偏向された思考になります。

日本のメディアは、「慰安婦」問題に関しては、偏向報道一色です。二〇一五年初めに日本を訪問したときそのようなメディアの問題点を直接経験したりしました。そのときさまざまなメディアの記者にインタビューを受けましたが、記者たちは「おそらくこの記事は掲載されないでしょう」と言いました。デスクで報道統制をするという話でした。二〇一六年初めも同じでした。「私たちの新聞は必ずだします」と、自信ありげだった記者が熱心に取材しましたが、結局は新聞には掲載されませんでした。

そして、韓国内で私たちを取材した日本の記者も同様です。さらには、取材内容とは異なって嫌韓の雰囲気を助長する放送をすることも日常茶飯事でした。二〇一六年三月一日から三月一五日まであった《少女像》の展覧会を取材したフジテレビもそうでした。

四名の写真記者とリポーターが一日中展示場内外を行き来しながら撮影する誠実な姿に感心していました。私たちは最後までインタビューに応じなかったのですが、飲み物も配って観客にインタビュー協力を求めもしました。にもかかわらず、そうして撮っていったフジテレビは、案の定、歪曲報道をしました。

日本のマスコミが「慰安婦」と《少女像》報道をするとき、事実に基づいて客観的に報道することを願う気持ちは切実です。そうしてこそ、韓日両国の市民が正常に対話を交わすことができるでしょう。おたがいが「嘘」をついていると考えている限り、歪曲報道を行なっていると考えるかぎり、真の和解と対話は不可能でしょう。

日本政府は、《少女像》の海外建立事業を直接に妨害しています。

米国カリフォルニア州のフラートン市議会が二〇一四年八月、《平和の少女像》建立支持案を議決するや、ハリーノッチ在日LA総領事〔当時〕がフラートン市長を直接訪ね反対の意思を伝えました。日本の右翼市民団体も《少女像》建立反対のために市政府と議会、そして建立予定地である博物館の理事会を相手にロビー活動をしました。市当局は、決議案通過後、一年間さまざまな理由をあげて《少女像》の建立を延ばし、博物館理事会は、《少女像》建立に二〇〇万ドルの責任保険〔Liability Insurance〕まで要求してきました。結局、二〇一五年八月一〇日、カリフォルニア州韓米フォーラムは「《少女像》寄付を撤回するしかない」という公式見解を明らかにしました。

そのほかオーストラリア、米国、カナダなどで、日本政府と日本の市民団体の反対の圧力で《少女像》建立が中止されたケースは、たくさんあります。彼らは反対の理由としてコミュニティの分裂、人種差別の危険性などを掲げています。韓国とは異なり、海外で《少女像》を建立する際には、これを超えることができる論理を提示する必要があります。

《少女像》を世界各地に建てようという理由は、日本国民を卑下したり、日本政府を批判しようとするものではありません。私たちが望むのは、本当の意味での韓日和解です。そのためには何よりも、加害者の心からの反省が必要なのです。

日本政府が本当に過去の侵略の歴史を反省するなら、《少女像》建立を妨害せず先頭に立って支援しなければならないでしょう。

そして、私たちは何よりも《少女像》をとおして、世界中の人びとに人権、平和の大切さを伝えよう思います。このことが、私たちが全世界に《少女像》を建てよう、というより大きな目的なのです。

口うるさい黄金子《ファンクムジャ》ハルモニ

一九四五年解放されるや、異郷でつらい生活をしていた若い女性が一人二人と故国の地に帰ってきました。そのなかに日本軍「慰安婦」被害者の黄金子《ファンクムジャ》ハルモニもいました。

黄金子ハルモニは生前、口うるさいハルモニとして知られていました。いつも悪口を言ってまわるハルモニの隣には誰も来ようとせず、ハルモニはいつも独りでした。

解放後に、人びとはハルモニがどんな傷を受けて帰ってきたのかを知りました。ある気立てのよい人がハルモニの事情を察してなんでも助けてあげようと優しく近づいて話しかけると、ハルモニのぶっきらぼうで粗い声に耐えなければなりませんでした。少しでも親切にハルモニを慰めようとでもしようものなら、聞きたくもない言葉を聞かされるのでした。

甘い声を嫌った口うるさいハルモニ

ハルモニの人嫌いはどうして生まれたのでしょうか？　人びとには理解できませんでした。しかし、ハルモニは人間が怖く、特に甘い声と慈悲深い態度を怖がりました。


娘よ、お前がよく考えてごらん。

そこに行くとご飯もお腹いっぱい食べられて、お金も稼ぐことができるよ。

家族に仕送りもでき、家族も楽に暮らせるよ。


このように、その子のためだというふりをしてかけられた、やさしく甘い話の結末は、その子に一生消えない傷になって戻ってきたのです。


子どもが嫌だと言ったら、果たして行かなくてもすんだのでしょうか？

持続的で執拗なささやきに続き、脅迫と強要で子どもを押しだしたのです。

女性になって帰ってきた子どもは、誰を信じることができるでしょうか？

親しげに近づいて来ようが、不親切だろうが、誰もが恐ろしい存在でした。

彼らから自分を保護し、避けることができる手段が悪口であり、それだけが自分を守る武器だったのです。

黄金子ハルモニ制作過程。

校歌や行進曲の音に叫ぶ理由

悪口を言いながら生きていくハルモニの家のそばに男子高校がありました。学校で朝礼や行事をしようとすると、ハルモニは学校に電話をかけてきて、火がついたように〝あいつらが私を襲おうとしている〟と声を張り上げて悪態をついたそうです。

学校の先生たちは、あっけにとられました。ただ性格がきつい老人の虚言だと無視したそうです。しかし、ハルモニの目には、制服を着て立っている学生たちが軍服を着た日本兵に見え、耳に聞こえてくる校歌や行進曲は軍歌に聞こえたのです。それはあまりにも深い傷でした。何が老いて衰弱した老人の胸にこのように深いトラウマを残したのでしょうか？

そんなハルモニが頼っていたのは悪口でなく、もう一つあったのです。それはお金です。一日一日瓶と古紙を売って手に握りしめた小銭はハルモニの部屋の隅にある米の甕に入りました。昔、大人たちがお金を別に置く適当な所がなく、米の甕にお金を隠したりもしていたので、おそらくそれを見てそうされたのでしょう。

しかしハルモニは、個人的な富を築こうとお金だけをがむしゃらにためようとしたわけではありません。これもまた、過去の痛みがそのまま投映された行ないでした。お金に誘惑され連れて行かれたハルモニにとって、お金は富を蓄積することではなく、いつあるかわからない不安に備える逃避資金でした。お金がなければ逃げることもできない現実を経験したハルモニは、お金さえあればどこにでも逃げられると信じてお金を蓄えていたのです。そして彼女がきちんと積み上げていったお金がのちに「黄金子ハルモニ奨学金」になりました。

ハルモニは最初から子どもたちの奨学事業をするためにお金を集めたのではありませんでした。この奨学事業には、江西区《カンソ》の限りない関心と愛情があってこそ可能なことでした。

ハルモニの痛ましい事情を知ったソウル市江西区は、彼女にいつも関心を注ぎ見守り続けました。最初から口うるさいハルモニから好感をもってもらえないのは明らかでした。しかし、区の地道な努力はハルモニの心をつかみはじめ、ついにハルモニが手を握ってくださったのです。そしてハルモニの心を学生たちの奨学事業につなげた江西区のあたたかい関わりはみんなから賞賛されるべきだと思います。

「守ってあげられなかった私たちが間違っていたんだよ」

もう少し説明を付け加えると、最初からこうすべきだったのです。

一九四五年以降、傷ついた若い女性たちが故郷の地に戻ったときの反応はどうだったでしょうか。家族の胸に抱かれる前に、冷たい視線を感じなければなりませんでした。そのとき故国は、村は、家族は、彼女たちにどのように接したでしょうか？

国と隣人と家族が、傷ついて帰ってきた人びとを受けとめ抱きしめて治療と癒しをしなければなりませんでした。戦争被害者として戻ってきた人びと、自分が望まない傷を負った女性たちに「あなたは何も間違ってはいないよ。守ってあげられなかった私たちが間違っていたんだよ。びくびくせず堂々と生きなければ」と言ってあげなければなりません。

二〇一四年に起きたセウォル号事件(9)を見ていると、一方で不安感が湧き上がります。いつのまにか子を失った親の前で被害者に向かって吐きだされるとてもひどい毒舌と無視する目つきを目にします。まだ何も解決されていないのに、やめろと言う人があふれています。朴槿恵大統領〔当時〕は予算のことばかり言っています。またどれほど多くの時間が流れれば真相が究明され、家族たちが傷を回復することができるのか、恐ろしくなるばかりです。

キム・ソギョン〈花ハルモニ〉2014年。

江西区を見てください。数十年をへても癒えない傷を一歩遅れても地道な努力によってすべてを受け入れ抱きとめました。私たちはすべてこのようにすべきでしょう。私たち韓国社会はここから自らを振り返り反省しなければならないと思います。

9　二〇一四年四月一六日、仁川から済州島へ向かった旅客船セウォル号が転覆・沈没し、修学旅行中の生徒らを含む二九九人が死亡、五名が行方不明となった大惨事。朴政権は積極的救命措置を怠った。

政治的違いをこえて、また区庁長が変わってもハルモニを見守り続けた江西庁に感謝します。

私たちは、二〇一五年一月、ソウル市江西区謙齋《キョムジェ》美術館で黄金子ハルモニの一周忌追慕展を企画しました。一〇名の女性作家の作品を展示して黄金子ハルモニを追悼し、江西区への感謝の気持ちを表現する展覧会でした。

《平和の少女像》＝少女像現象と作家の探求—第Ⅱ部

さまざまなデザインの《平和の少女像》。

1. 社会芸術としての少女像現象

美術評論家・芸術科学研究所所長　キム・ジュンギ

ソウルの都心の日本大使館前には一人の少女が座っている。おかっぱ頭にチマ・チョゴリを着た少女は、素足で両方の拳を握って前方の在韓日本大使館を凝視している。日本軍の性奴隷として苦しんだ少女の姿を込めたこの作品は、歴史的な出来事を扱った一般的なパブリック・アート作品とは異なり、非常に節制された形象をみせている。チマ・チョゴリの少女像と、その隣の空《あ》いた椅子と、台座のハルモニの形をした影。この作品の外形である。

詳しく見てみると、硬直した顔の表情、拳を握った両手には怒りが込められている。お下げ髪はむしりとられておかっぱ頭に。かかとをややあげた素足には、生きて帰ってきた後もそっぽを向かれた不安な生が込められている。少女の肩に止まっている鳥は、先に亡くなったハルモニたちとつながる霊媒だ。空いた椅子は、先に亡くなられた者たちの席であり、観客がそれらのハルモニたちとともにいることができるという参加の席だ。台座に刻まれたハルモニの影には、生まれ変わりを意味する蝶がいる。

ミソン、ヒョスン　追悼造形物〈少女の夢〉制作も

在韓日本大使館前では、一九九二年一月八日から今日まで、毎週水曜日に「日本軍慰安婦問題の解決のための水曜集会」が開かれている。韓国挺身隊問題対策協議会（「挺対協」、現・「正義記憶連帯」）は、この集会が一〇〇〇回を迎えた二〇一一年一二月一四日に日本大使館前の道に《平和の少女像》を設置した。水曜集会二〇周年を記念するためであった。そもそもは記念碑を構想していたが、芸術作品としての方向をめざすことになった。

作品制作はキム・ソギョンとキム・ウンソンが引き受けた。キム・ソギョンとキム・ウンソン夫妻がともに作業を行なうアーティスト・デュオ「キム・ソギョンウンソン」は「慰安婦」ハルモニを少女の姿で表現した。国家暴力の被害者を表現するため、あどけない少女時代、当時の姿を描きだすことにより、過去と現在の時間の距離を狭めたのである。それはまた、彼らが追究してきた温かい叙情性をもとにした人物形象彫刻（具体的な人物の姿を用いてなんらかのメッセージを表現する彫刻）の典型的な言語でもある。

〈少女の夢〉と二人、ヒョスン、ミソン。

キム・ソギョンウンソンは同じ大学、同じ彫塑学科出身である。彼らは大学卒業後から彫塑集団「フック（土）」の活動をはじめとして形象彫刻を制作してきた。それぞれ数回の個展を開いており、一〇回にわたり二人展を開いた。二〇〇二年在韓米軍装甲車の犠牲になったミソン・ヒョスン一〇周期追慕の造形物である〈少女の夢〉（写真）をソウル西《ソ》大門《デムン》区忠正路《チュンチョンノ》にある韓国のキリスト教長老会総会の宣教教育院に設置した。歴史的な事件を追悼し傷を慰める芸術家の心が込められたプロジェクトである。ソウル歴史博物館前に展示されている〈電車381号〉の内外の彫刻作品〈電車と遅刻する学生〉（写真）も、

彼らの作品である。歴史性と場所性を活かしたパブリック・アート作品として市民に馴染み、親密に交流をかわしてきたアーティスト・デュオだ。

ソウル歴史博物館前〈電車と遅刻する学生〉

「椅子に座っている少女」というおなじみの表現から出発したこの作品は、芸術作品の歴史性と場所性の問題を、想起させてくれる。近代以降の美術で女性の姿は、もっとも素朴な芸術的表現の主題だった。数多くの芸術家たちが母子像、少女像、女人像などの形で、女性の姿を表わしてきた。近代以降の社会が女性に付与した特定の観念、たとえば賢母や良妻、思索する少女、読書する少女、性的に対象化した客体としての官能的な女性などの姿がそれである。このような通俗的な文脈の女人像がその食傷ぎみなメッセージによってあまり注目されない反面で、《平和の少女像》は非常に強力な対市民のコミュニケーションの象徴として浮上した。

〈電車と遅刻する学生〉2010年。

少女像の注目度は歴史性と場所性から出てくる。この作品は、観念的な女性像の限界を超えたパブリック・アート作品である。芸術作品は、それが置かれた場所に応じて、意味生成のコンテキストが変わる。表面上は平凡に見えるこの少女像は「慰安婦」ハルモニたちの幼い頃の姿である。この少女像が置かれた空間の台座にある影は、歳月の流れを反映したハルモニの影だ。少女像の横にある空いた椅子は、つらい歴史を生きてきた少女の手を観客が握ってあげられるよう誘導して配慮した装置である。観客たちはこの少女の隣に置かれた椅子に座って少女の手をぎゅっと握りながら、苦難の歴史を生きてきた少女を慰めるあたたかい心と、私たちに与えられた非情な現実を省察する切実な思いを込める。

過去事〔1〕清算問題の論議に成功

この作品は、受難の歴史をそのまま抱え込まなければならなかった二〇世紀韓国の傷と、いまだ解決できていない過去事の問題を論議しようとしている。女性の身体を芸術作品制作の素材として対象化してきた近代的な芸術家たちの慣行とは異なり、この作品《平和の少女像》は、歴史意識と現実認識に基づいて、私たちの時代の市民が幅広く共感する芸術的コミュニケーションをつくりだした。市民たちは〈平和の少女〉に自我を投影する。彼らはこの作品の前に立って疎外と抑圧の歴史を生きてきた二〇世紀、朝鮮半島の人びとの苦難の歴史を自分の現実に照らしてみる。少女像は脱植民の叙事を盛り込んだパブリック・アート作品として社会的コンセンサスを形成しているのだ。「慰安婦」ハルモニの話を芸術的疎通のテーマとして論議の場にあげ、それを争点化している。

芸術作品という象徴は、私的には作品と鑑賞者の間の相互作用が起こる空間であるが、大きく見れば公論を呼び起こす熾烈な象徴闘争の場所だ。《平和の少女像》は、日本帝国主義の侵略戦争から発生した国家暴力の傷を象徴している。それは芸術作品がどれほど激しい象徴闘争の場として作動するかをよく示してくれる。

この少女像は、一二・二八日韓「合意」以前より全国民から格別な関心と愛を集めていた。日本軍「慰安婦」の過去と現在を盛り込んだこの作品は在韓日本大使館前に置かれ、すぐれた場所性を発現しているからである。二〇一二年、日本の右翼・鈴木信行が現場を訪れ「竹島は日本の領土」と書いた杭を椅子に縛って写真を撮り、自分のブログに掲載した少女像杭テロが発生した〔五〇頁参照〕。戦争犯罪に対する謝罪と賠償を無視する日本人の態度は国民的公憤を誘発しさえもした。

このように、国民の情緒を刺激する事件が続き、この作品は現代美術作品としては珍しく市民から格別な関心と愛を集めている。特に〔二〇一五年の〕日韓「合意」の発表以降、日本大使館前では、少女像撤去に反対する若者たちの野宿が続いてきた。戦争犯罪に対する謝罪と賠償を無視する日本の態度は国民的公憤を誘発し、特に少女像撤去を前提に合意したという話が流布されるにつれ、この作品に対する国民的関心がいっそう高まった。真冬の酷寒にもかかわらず続いた少女像を守る青年たちの野宿と全国民の関心はまさに「少女像現象」と呼ぶことができるほどすごい熱気を帯びた。さらにそれは少女像現象の主体が、民族主義が呼び起こす国民なのか、それとも民主主義的な省察を内包した市民なのかをめぐる論争まで引き起こしている。

行動主義と共同体性を強調する社会芸術

少女像現象は、日本の植民地支配を受けた被害者である韓国人の民族主義的情緒から出てきたものだが、それが民族感情を刺激した扇動的な語法によってつくりあげられたものではない点に注目する必要がある。むしろ少女像現象をめぐる民族／国家主義の観点から、社会的な観点へとフレームを転換するなら、この作品をとりまく過程と結果の豊かな脈絡を正しく読み取ることができるだろう。少女像現象は誤作動する国家と抵抗する社会との対決である。さらにそれは芸術の社会的文脈、すなわち社会的芸術の価値を再考させることになる。

《平和の少女像》は、社会的コミュニケーションの過程をへて芸術的コミュニケーションへと促す作品という点で、社会芸術（Social Art）の様相を持っている。それは芸術の社会的コミュニケーションのために、結果と同じくらいにプロセスを重視する社会芸術のありようを十分示してくれる作品である。社会芸術は批判芸術、行動主義芸術、共同体芸

1　韓国では盧武鉉大統領時代から本格化した歴史の見直し活動のなかで、一連の過去の出来事を「過去事」と呼ぶことが定着した。

術（コミュニティアート）、パブリック・アートなど社会的コミュニケーションの文脈を強調する芸術である。批判精神と公共性を強調することが広義の社会芸術というならば、行動主義と共同体性を強調することは、本格的な社会芸術である。

社会芸術として、この作品の意味を解釈することができる第一の枠組みは批判芸術であるという点だ。批判芸術は対象にたいする芸術家主体の批判精神をもとに、芸術的な表象によって事物や事件に対する批判的省察を追求する芸術である。《平和の少女像》は批判的リアリズムの観点からつくられた作品である。

キム・ソギョンウンソンは一九八〇年以来、韓国社会の変革エネルギーとともに登場した民衆美術運動の当事者である。一九八〇年代後半の学生美術運動に加わっていた彼らは民衆美術の歴史をまとめた展示《民衆美術一五年》（国立現代美術館、一九九四年）の出品作家でもある。一貫性のある形象彫刻としての彼らの作品には、歴史とその時代、リアリティとファンタジー、構造と個人の間の関係を省察する批判的メッセージなどが込められている。少女の姿勢と動作、位置、視線などは、批判的リアリズムの観点から人体形象彫刻を扱ってきた彼らの美学的態度をよく示している。

注文再生産方式のパブリック・アート

第二の枠組みは、パブリック・アートである。この作品は、在韓日本大使館前という場所に公的財源である市民の寄付をもとに過去事問題という公共の議題を扱ったパブリック・アート作品だ。平凡な少女像の外形を持つこの作品は、芸術的なコミュニケーションにおいて場所性がどれほど決定的な役割をするのかをあらためて痛感させる。この作品は、挺対協はもちろん、国内外の三〇以上の都市の市民たちと学校、自治体などがたち上がり、財政と後援システムを準備しながら、多様なバージョンの記念碑彫刻として拡散している。

このような現象は、この作品の高圧的ではない姿勢と開かれた態度からでてくる。この作品は、敷居の低いパブリック・アートの美徳を持っており、市民と意思疎通して共感を呼びおこす力を発揮する。ほとんどの記念碑彫刻が高い台座の上にそびえ立って垂直上昇の権威を発散するのに比べ、この作品は、高さ一三〇センチの小さな彫刻として水平拡張の感性で共感を広げている。さらにそれは開かれたパブリック・アート作品としての大きな意味がある。少女の隣の空の椅子、また市民の共感のなかでともに問題解決を提案する開かれたパブリック・アートとしてこの作品は、観客との積極的な相互作用をとおして、新しい合意を導こうとする芸術の公論の場そのものだ。

パブリック・アートは、新しい受注生産という脈絡でも非常に重要な芸術概念である。《平和の少女像》は、市民社会や地方自治体の積極的な要請に応じて制作・設置する新しい受注生産方式で好評をえた。キム・ソギョンウンソンは快く受注を受ける。それは前近代の一般的な芸術生産方式であった受注生産を同時代的なコミュニケーションのプロセスをへながら、新たに適用することである。キム・ソギョンウンソンは創作の発想から結果にいたるすべての過程を挺対協と相談して合意をえて決定した。数多くの地域で、市民主体とともに新たに設置してきた作品も、これと同じ経路をへてきた。芸術家の創造力と社会的合意による芸術創作の要請が合理的な手続きをへて行なわれている。

第三は共同体芸術（コミュニティアート）という点である。コミュニティアートは芸術家主体と市民主体の相互扶助と共存、協業の価値を重視する芸術概念である。キム・ソギョンウンソンは「慰安婦」ハルモニたちはもちろん挺対協という市民団体とともに多様な方式の協業を進めながら、芸術的コミュニケーションの過程で共同体と同行しようとした。このアーティスト・デュオは徹底した協業で制作する。芸術家と市民活動家の協業もそうだが、特に夫婦間の役割分担も相互扶助と協同の共同体精神から生まれる。この作品は、帝国主義の暴力の被害当事者からはじまり、植民地支配のトラウマを抱えている大韓民国という国家共同体の民族の情動にまでも作動している。このような現象は、民族と国家を呼びおこすという点で、一部で批評的論争が起きているが、この作品は、日本帝国主義と韓国国家主導型芸術の民族／国家主義芸術とは異なっている点では、再論の余地はない。

社会芸術としてこの少女像に注目するようにする第四の芸術概念は、行動主義芸術である。それは元日本軍「慰安

パブリック広告会社ヒーリング・ブラッシュを営むキム・ヨセフとカン・ミンソクがつくった地下鉄広告（上）とバス停広告（左）。

〈小さな少女像〉プロジェクトのクラウドファンディング。

婦」の女性の傷や過去事問題という議題を争点化した行動主義芸術である。行動主義の芸術のもっとも重要な徳目は変化だ。キム・ソギョンウンソンの人生と芸術は、社会の変化に焦点をあわせ作家主義の権威から抜けだした社会的実践の道に捧げられている。最近キム・ソギョンウンソンは〈小さな少女像〉プロジェクトを展開した。３Dプリンティング技術でコストを削減し、大量の小さな少女像をつくって「慰安婦」問題の解決を念願する意味を分かちあうためだ。クラウドファンディング業者と３D業者、そしてフィギュア制作会社と協業しているが、オンライン募金をはじめてたった二日で目標値である一億ウォン（約一〇〇〇万円）を超えるほど大きな反響をえた。このように、このデュオは、社会的な議題を争点化するために近代的な概念の芸術作品がこだわってきた作品の逸品性や著作権などの問題を非常に柔軟に解いて弾力性のある対市民のコミュニケーションの経路を拡散している。

民族主義／国家主義を超え

最後に言及しようと思うのは、民族主義のフレームの批評論点である。明らかに少女像は、民族と国家の情動を呼びおこす民族／国家主義芸術作品だ。民主主義と民族主義の言説の二つの軸は韓国現代史を牽引した精神的エネルギーである。四・一九革命の民主主義の精神は、五・一六クーデターという民族主義を前面にだした国家主義の精神に変わった。あらゆる認識と実践の第一原則として国家の利益を優先させる国家主義のイデオロギーは、階級や地域、性別、世代を問わず、最高の価

値の準拠となった。芸術も同じだった。国家の利害と要求を受け入れる芸術。それはまさに国家主義芸術と呼ぶにふさわしいものだった。それは民族主義や愛国主義ともセットになった概念として李承晩《イスンマン》政権時代から受け継がれてきた、反日や反共の国是を継承するものでもあった。特に一九六八年にはじまった愛国烈士彫像建立委員会は、国家主導の民族／国家主義パブリック・アートプロジェクトを展開した。その後も持続的に民族と国家の名で共同体の合意を導くための文化政治の次元のパブリックアート・プロジェクトが続いた。

日本軍「慰安婦」の交渉妥結以後注目されている《平和の少女像》の場合、また別の文脈で歴史的な記念人物像の価値を考えさせられる。二〇一五年の年末の日韓「合意」があったちょうど五〇年前の一九六五年の韓日協定は、日本帝国の侵奪にたいする謝罪と適切な賠償がない状態で、韓日国交正常化にいたった。太平洋安保ラインを構築しようとする米国の主導の下、一九五一年から一四年間にわたって続いた韓日国交正常化協議は、繰り返し問題を生んでいる。

歴史は繰り返されるという。当時の屈辱的な交渉妥結の構造と過程は、五〇年後も同じ方式で表われた。日本軍「慰安婦」の交渉もまた、米国の対中国関連の利害関係を反映しているために舞台裏の力によって真の謝罪と適切な賠償なしに妥結にいたった。さらに、日本大使館前にある平和の少女像を撤去する対価として、賠償金ではなく一〇億円の基金を拠出することにしたという点で、この交渉は反歴史的な拙速交渉という批判を受けている。

まさにこの点で、私たちは象徴の力を再確認することができる。「慰安婦」という議題をめぐる記憶闘争で作動した《平和の少女像》はいまや、「慰安婦」の交渉妥結に反対する人びとの象徴として拡大再生産されている。民族／国家主義の観点を持ちつつも、それがどのような主体が主導したプロジェクトなのかによって相反する結果を示す場合もある。キム・ソギョンウンソンの《平和の少女像》は、民族／国家主義の観点の作品でありながらも、国家主導のパブリック・アートプロジェクトの限界を超えているという点で、社会的な観点の読み取りが必要である。

少女像現象をみると、大韓民国は国家と社会の公論が分離された国だ。国と民衆の意思は違う。このような状況で、国と同胞の問題を扱う芸術がどのように対処すべきかを《平和の少女像》はよく示している。この作品は、少女や少女像に課される常套性の限界を超え、帝国主義戦争の傷を扱う歴史性、日本大使館前という場所性に基づいて展開される怒りと治癒のための記憶闘争の象徴物である。

記憶闘争の象徴物

歴史は集団の記憶を織りなす叙事だ。歴史的モチーフを扱う芸術、特に歴史上の人物を扱う記念人物像は、共同体の記憶を表象する象徴として歴史的叙事を拡大再生産する有力な芸術的コミュニケーション方法である。日本軍「慰安婦」拙速交渉の対価として《平和の少女像》を撤去するだろうという論議に青年たちがその場所で一晩中、作品を守り、交渉妥結を否定する全国民の心が少女像に集まっているのを見ると、この作品がどれほど強力に国と同胞の共同体の構成員たちにとって強烈な象徴として作用しているかがわかる。

国民と市民、そして個人のアイデンティティを持った私たちにとって、この少女像は、共同体の連帯感を確認できる象徴として位置づけられはじめた。それは帝国主義戦争に動員され、性奴隷として苦痛を受けた痛ましい歴史を追悼し、直接的な被害当事者はもちろん、その歴史の延長線上にある市民社会と個人に近づく社会的コミュニケーションとしての芸術公論の場なのである。

〈少女像〉招待展・二〇一六年三月一日〜三月一五日、コドギャラリー、作品案内集「序文」

2. 公共造形物と《平和の少女像》
――歴史の痛みを記憶する政治

『国民日報』客員論説委員・仁徳大学教授　ソン・スホ

銅像は静かではない。どっしりしたブロンズで建てられたとしても事情が生じれば騒がしい。場合によっては、紐をかけて倒されたり、ときに踏みつけられたりもする。レーニンとスターリンがそうだったし、フセインとカダフィの像もやられた。韓国内でもあまたある。巨済島《コジェド》で受難に遭ったキム・ベギル将軍の銅像、親日是非の末に撤去されたキム・ドンハ前馬事会長の胸像がその例だ。「救国の英雄」と呼ばれる仁川《インチョン》自由公園のマッカーサー銅像もときどき撤去騒動にみまわれる。

銅像や碑石は、対象を記憶するのに有力な手段である。ある人物を時空間的に永久に記念するからだ。永く耐える材料を使うのも同じ理由だ。木造半跏思惟像や塑造佛があるが、最近では火に弱い木や砕けれる土で記念物をつくらない。ブロンズや石でつくるのは風雨に耐える保存性のためである。

銅像や碑石は、人物を記憶する有力な方式

これら有形の記念物は、教科書に載ることの次に大きな力を持つ。だから人物の業績から、それが置かれる立地まで

多くの人の同意を求めなければならない。つまり、公共の場所に銅像や碑石が建てられたということは、歴史的な検証が終わったか、当時の人物であれば、世論に認められたという話だ。私的空間に建てられたものは、議論の性格とレベルが違うがゆえに別論である。

銅像は、造形性も重要である。二〇一一年一二月二日、慶尚北道《キョンサンプクド》浦項《ポハン》市ポステック（浦項工科大学）に建てられた青岩（青巌）林泰俊《パクテジュン》先生の像は、中国の作家・呉爲山《オウィサン》が制作した。青岩のトレードマークである中折れ帽をかぶったまま明るく笑っている姿の下に「鋼鐵巨人　教育偉人　朴泰俊先生」という字を刻んだ。韓国の代表的な企業人の銅像を外国人が制作したということは、少々意外だ。作家は『林泰俊評伝』を読んで数回インタビューした末につくったというが、コートとズボンの折り返しのしわにみえるように表現力が引き立つ。ここでは公共の場所ではないという理由で言及をさける。

朴正熙《パクチョンヒ》元大統領の銅像も話題を集めた。二〇一一年一一月一四日、慶尚北道亀尾《クミ》市上毛《サンモ》洞の生家の隣の公園に建立された銅像は、スーツ姿の経済開発五カ年計画を象徴する巻物を握って立つ姿だ。当初公募で選ばれた作品は、ロングコートを着て右手の人差し指を振り上げ遠くをさす形であったが、平壌《ピョンヤン》の万寿台の金日成《キムイルソン》の銅像と似ているという指摘が提起されデザインを変えた。高さも当初一〇・七メートルから五メートル低く、姿勢や衣装も気張っていない。銅像が世論にどれほど敏感に反応するかを示した代表的な事例だ。ここもやはり私的空間と変わりなく、公的議論の対象から遠い。ただし、既存の造形物（オブジェ）の典型から一歩も進まなかった点は残念だ。

米国で世論の集中砲火を受けたのは、マーティン・ルーサー・キング牧師の彫刻像である。二〇一一年八月にワシントンDCのナショナルモールに入ったキング牧師の石像は、中国出身の彫刻家レイ・イシンが引き受け論争を引き起こした。焦点は二つある。まず作家の身分。人権運動に命を捧げたキング牧師の人生と反人権的政策を日常的に行なう中国とは似合わないというものである。ここでは、社会主義者、毛沢東像を二体もつくったイシンの履歴が影響した。しかし、常識的な基準で判断は十分である。作家の身分を事前に知っていたので、是非の対象となりえない。

次は、彫刻の形状である。キング牧師は、もともとやわらかな目と信念に満ちた顔なのに、腕組みをした権威的な姿で描いたのである。キング牧師の像は、高さ九メートルほどの花崗岩に彫ったもので、そのレリーフは、一般の銅像とは異なり、後ろ姿が現われないという特徴を持つ。つまり、前面で造形性を完成しなければならないのでボリューム感を強調したいという誘惑にかられる。キング牧師の像もやはり石のなかから飛びだしてくるよう躍動感はあるが、過度に強い感じだ。平等と人権というキング牧師の精神世界と合致しようとすれば、柔らかさのなかに強さを内包していなければならない。

作品のハイライトは、台座に烏石〔黒曜石〕でつくった影

さて、今日の話を本格的に展開する番になった。二〇一一年一二月一四日、ソウル鍾路区中学洞にある在韓日本大使館前の通りに建てられた「平和の碑〔平和の少女像〕」の話だ。まず趣旨が崇高である。一九九二年一月八日から、ここで開かれてきた日本軍「慰安婦」問題解決のための一〇〇〇回の水曜集会を称えるためのものだからである。三七〇〇余万ウォン〔約三七〇万円〕にのぼる制作費は市民の寄付で賄われた。

私は平和の碑建立以降、三、四回立ち寄ったが、見るたびに彫刻家の作家精神のし烈さを感じた。特定の人の人生を崇めたり称賛するのではなく、「慰安婦」という集団の怒りと悔恨を形象化するのは容易ではない。そこに歴史性人間性という普遍的な価値を盛り込んだのには、厳重な社会意識と洗練された美意識が必要である。

彫刻像の構成は比較的単純である。少女と椅子がテーゼである。強制的に切られたおかっぱ頭に韓服姿の主人公は、戦場に連れて行かれた年齢である一四〜一六歳の少女のあどけない姿だ。椅子に座った少女は、過去を忘れないというようにぎゅっと握り締めた拳を膝の上にのせたまま唇をきっとかみしめた表情で日本大使館のほうを凝視している。当初模型では、手を静かにあわせる姿だったが、平和の碑建立計画を事前に知った日本が反対の動きを見せるや拳に変え

たという。

左肩には鳥が止まっている。鳥は一般的に自由と平和の象徴であるが、ここでは生きているハルモニたちと、すでにこの世を去ったハルモニたちを結ぶ霊媒の意味が追加されている。少女像が裸足なのは、当時の戦争のときに撮った写真に靴を履いた人がほとんどいないという事実を反映した。平和の碑の横に空の椅子を置いたのは、市民がその席をうめて慰めてほしいという意図だ。除幕式の日、水曜集会に出てきたハルモニたちが、この像を幾度も抱きしめ、すりへるほど撫でるのを放送で見たとき、多くの人の胸に思いがこみ上げてきたり戦慄を感じたことだろう。

しかし、私が考える作品のハイライトは、台座に烏石で敷いた影だ。体は少女であるのに比べ、影は後ろに束ねた髪の、背中が曲がったハルモニだ。少女の肩に鳥がとまっているならば、ハルモニの胸には蝶が刻まれた。蝶は生まれ変わりを意味する。水曜集会でなくても建立以降、この少女を見るために数多くの人びとが訪ねてくるのはメッセージの伝達力がすぐれている証拠だ。

平和の碑の設置は残念だという日本

この平和の碑をつくった人は、夫婦の彫刻家キム・ウンソン、キム・ソギョン氏だ。世宗《セジョン》大王や朴正熙《パクチョンヒ》の銅像制作者に比べあまり知られていない名前だが、ソウル歴史博物館前の電車を飾っている《電車と遅刻する学生》が彼らの作品であるという事実を知って膝を打つ。舞台は一九六〇年代。登校時間に追われた中学生があたふた電車に乗ったとたん、弁当を持った母親と帽子をつかんだ妹が追いかけてきて、これを見た学生が「ストップ！」と叫び、機関士が驚いた表情で外を眺めている場面だ。

作家は《電車と遅刻する学生》や「平和の碑」で示すように時代の肖像を読み取るところにたけている。単純な部分ではなく、人と時代とともに呼吸することができる美術品こそ芸術の本質に近いと思う。「平和の碑」には日本軍「慰安婦」ハルモニたちのすさまじい痛みを浮かびあがらせ、歴史と未来を考えてみようという意味を込めるところに渾身の力を注いだ。

問題は、日本側の強い反発である。藤村修官房長官〔当時〕は「平和の碑の設置が強行されたのは、本当に残念」だとし、外交公館前に建てられた無許可の建築物の撤去を要求した。これに対して韓国政府は「平和の碑建立は、日本政府の責任ある問題解決と名誉回復を促してきた被害者らの切実さが反映されたもの」とし、「民間団体で設置した平和の

（©ノ・ヨンホン）

碑については、政府は関与できない」という立場を明らかにした。

道路管理権を持つ鍾路《チョンノ》区の態度はどっちつかずである。「法より国民感情を最優先にして保存する」という反応を見せた。平和の碑は、道路法上の管轄区の許可を受けなければならない建築物である。韓国挺身隊問題対策協議会〔「挺対協」〕は、二〇一一年三月、平和の碑建立計画を鍾路区に伝達したが、区は「政府機関でなければ、道路などに施設を設置することができない」と不許可公文書を送った。挺対協はこれを気にかけず、平和の碑除幕式を強行するや、鍾路区庁は一歩遅れて「許可するかどうかを離れて、すでに建てられた建築物の場合、公益に害がなければ区で強制的に撤去することができない」と態度を変えた。

ここには弱点がある。いくら大義名分にすぐれたものだといっても、現行法を破るのは困難だ。「法より国民感情が優先」という論理も不適切である。法を改正するか、別の手順を踏むようにしてでも、違法だといわれないようにしたほうがいい(1)。

1　二〇一七年九月、鍾路区は在韓日本大使館前の少女像を「ソウル特別市鍾路区公共造形物第一号」に指定。撤去や移転には同区の都市空間芸術委員会認可が必要となり、法的根拠が付された。

もう一つ、名前を新たに定義してほしい。いま公式に呼ばれる平和の碑の「碑」は、石に文を刻んで建てるものだ。最初に挺対協は黒い石に文字を刻むという碑石の形態を念頭に置いていたが、いろいろな意味が込めることができる造形物に変えたという。記念碑に装飾がなされる場合もあるが、基本的に碑石は碑石だ。

「平和の碑」というよりは「平和の少女像」

平和の碑の形を見ると、「碑」というよりは造形物の形式を備えている。都市で見る通常の環境彫刻より作品性と造形性、共感能力を備えている。寒ければ帽子とマフラーをかけ、風が吹けば素足をくるんでくれ、雨が降れば傘をさしてくれるのだ。このように持続的につながる市民たちの愛を考えると、「平和の少女像」程度がよいだろう。既存の平和の碑に新しい名前《平和の少女像》をつけてあげる命名式を行ないながら、もう一度全国民的イベントにしたらどうか（少女像作家夫妻は二〇一一年から平和の碑と平和の少女像という言葉を一緒に使っている━韓国版編集者注）。

最後に残ったのは、平和の碑の精神を守ることである。このような犠牲者の像は、加害者である日本政府の謝罪と賠償の次元で建立されなければならないが、私たちは彼らの善意をひたすら待つことができず民間の基金をつくった。今後、日本の反応に応じて、同じ造形物を全国と世界各地に建てながら、歴史の痛みを記憶する装置とすることができるだろう。

3. 少女からベトナムのピエタまで

［インタビュー］平和を祈る彫刻家夫妻

「マル＋」企画委員　チェ・ジンソプ

（©イ・ガンフ）

《平和の少女像》の作家と初めて会ったのは、二〇一五年一二月、女性の独立運動記念事業会の忘年会だ。

この日の参加者たちは、キム・ウンソン作家と少女像に関する話に花を咲かせた。集まりが終わる頃、私はすぐ前に座っていたキム作家に二つの質問をした。

「世界の人物彫刻像のなかで少女像のように、人びとが親近感を感じて愛する作品があるでしょうか？」

「日本大使館前の少女像に手を出す人は、おそらく売国奴・李完用《イワンヨウ》に次ぐ親日派として記録されるのではないですか？」

人物彫刻像が少女像のように、一般市民の愛情をたっぷり受けるケースは珍しい。韓国の代表的な人物像として李舜臣《イスンシン》将軍、世宗《セジョン》大王、安重根《アンジュングン》義士像をあげることが

キム・ウンソン（©イ・ガンフ）。

キム・ソギョン（©イ・ガンフ）。

できるが、少女像のような親しみを感じない。とにかく銅像は高く巨大で仰ぎ見る尊敬の対象だと思う。世界的に、またどんな彫刻像が《平和の少女像》のように老若男女の愛を受けているのか気になる。

キム・ウンソン作家と会った後、少女像への関心がぐっと高まった。「少女像作家の作業ノート」という本を企画し、忘年会で渡された名刺に書かれたメールアドレスに手紙を書いてインタビューを申し込んだ。すぐ返事が来て、仁寺洞《インサドン》の飲食店で会うことになった。

正月の連休中一月二日、仁寺洞の裏通りにある待ち合わせ場所に行くと、キム・ウンソン作家が妻のキム・ソギョン作家と一緒に来ていた。その日以降に知ったことだが、彼ら夫婦は特別な個人の予定がない限り、ほとんどいつも一緒に行動していた。針が行くところに糸がいく、一心同体、夫唱婦随のような言葉がぴったりのカップルだった。ある評論家は、彼ら夫婦をさすとき「キム・ソギョンウンソン」と名前をあわせて呼んだ。最初の出会い以後、二人と三、四回会って少女像をめぐってインタビューした。

一〇〇回は直した顔

二〇一六年三月一日、キム・ソギョンウンソン作家は鍾路《チョンノ》区のギャラリーコドで少女像招待展を開いた。コドは、日本大使館前の少女像から一〇〇メートル余りの距離にあるギャラリーだった。展示会場には、さまざまな少女像とハルモニの像があったが《少女の夢　咲くことができなかった》、《花ハルモニ》、《金学順ハルモニ》、《小さな立っている少女像》のような作品が目に入った。ほとんどの登場人物が女性だったが、これらは主にキム・ソギョン作家の作品である。

＊

――お二人は一緒に彫刻の作業をしてどのくらいになりますか？

「私たちは中央大学芸術大彫塑科一期の同期生です。一九八四年、大学に入学して出会い、一九八九年に結婚しました。そのときからだとしても二七年間、共同作業をしてることになります。」

――夫婦だと言っても、芸術は一人で行なう孤独な作業ではないですか？

「彫刻は力のいる作業なので、協業がいいんです。役割を分けて仕事しながらも力をあわせる仕事があれば一緒にします。1プラス1は2ではなく、1プラスアルファとなる多くの経験をしました。」

――それでも共同作業していると、感性や視点の違いがあってぶつかることも生じるでしょうに、そんなときはどう解決するんですか？

「あきらめます。」

――あきらめる？

「はい、あきらめです。無理にあわせようとするよりも、あきらめる方がよりよい解決策になるときがあります。私たちはほぼ一日中くっついて暮らしているので、もしかしたら七〇を超え、金婚式を過ぎた方たちより長い時間を一緒に過ごしてきました。だからいまはおたがいの目だけを見ても息づかいだけ聞いても何を考えているかわかるんです。それでも違いが生じたらあきらめなくちゃ。ハハ。」

（©イ・ガンフ）

＊

ギャラリーコードでインタビューをしている途中で、《平和の少女像》を背景に写真を撮るために作家夫妻と一緒に日本大使館前に行った。《平和の少女像》は見れば見るほど惹きつけられる顔をしている。世の中にこんなに人の心をつかむ銅像がほかにあるだろうかと思う。人びとは雨が降れば傘をさしかけ、風の冷たい日にはマフラーをまいてくれる。厳しい寒さがおしよせれば帽子をかぶせてくれ、足がかじかんで冷たいだろうとマフラーで少女の素足を包んでくれる。正月にはセットン・チョゴリ〔五色のチョゴリ〕を着せてくれ、母の日にはカーネーションを手に握らせてくれる。

＊

――人びとはなぜ少女像を自分の妹や恋人のように、あるときには親子のように愛するのでしょうか？

「日本軍「慰安婦」ハルモニたちと初めて会ったときは申し訳なく、悲しく、すこし後には尊敬する気持ちになりました。少女像に接する市民たちの心もそうだと思います。守ってあげられなくて申し訳なく、悲しく、痛ましいと、そんな気持ちを表現しているからでしょう。」

男性の手が少女像にふれることが気になったりも

――「慰安婦」ハルモニではなく、少女像を建てたきっかけは何ですか？

「最初に韓国挺身隊問題対策協議会（「挺対協」）と話したのは、記念碑でした。そのうち造形物を考えるようになりました。この過程で、花、ゴム靴、空いた椅子、蝶のようないくつかのアイデアが出てきたんです。そんななか、キム・ソギョン作家が「ハルモニより少女像はどうだろうか」と提案をしたんです。若い花盛りの歳に日本軍に強制的に連れていかれた少女の悲しい生を形象化する作業をしようということでした。」

――少女像はお二人で一緒に作業したのですか？

「少女像をつくるときは、私が主導的にすると夫に言いました。男性の手が少女像にふれることが気になったりもしたからです。そして、私は二〇〇六年に《少女の夢》という作品をつくったのですが、これはいまの少女像の原形と言えます。《少女の夢》は「慰安婦」被害者はルモニを念頭に置いて構想した作品です。」

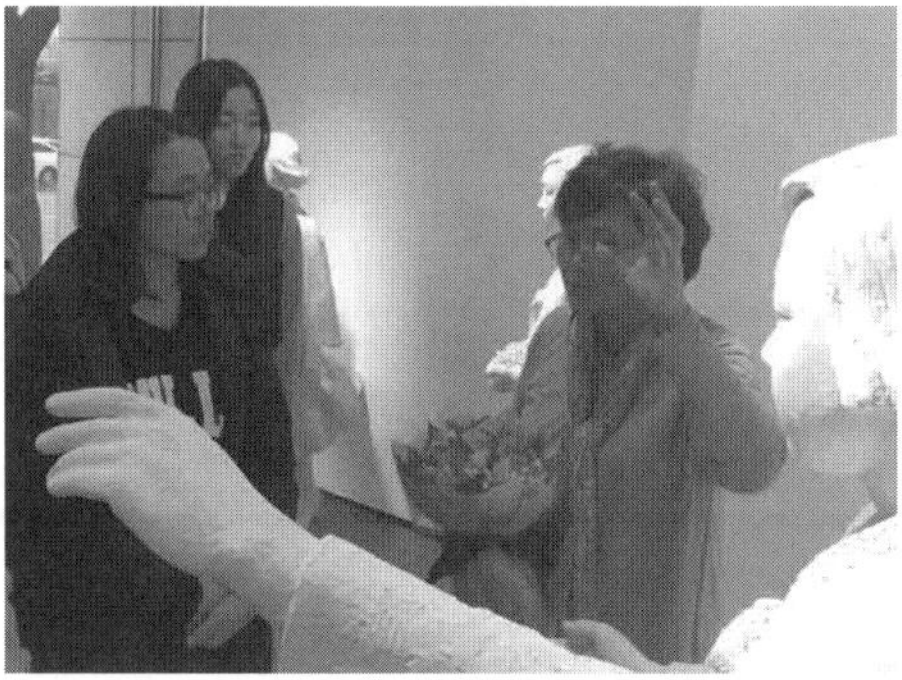
(©ユン・ヘサン)

――男性の手が気になると？

「被害者がすべて女性じゃないですか。少女像の構想をするとき、同じ女性として被害者の痛みを全身で共感しました。被害に遭った「慰安婦」少女に憑依された心情でした。それでなのか男性がつくるのが嫌でした。男性の手で作業するのはちがうと感じたんです。男性と女性が感じる戦争の意味と感受性は異なるものだと思ったりもしました。」

――少女像の顔がキム・ソギョン作家と似ているとも言われたとか。

「はい、そのような話はときどき聞きます。私のように顔が丸く、二重でもなく、鼻も高くなくて。意図的に私に似せてつくったのではなく、無意識のうちに自分の姿を反映したかもしれません。少女像の顔は、特定の人の顔に似せないように努力しました。その時代の女性たちの顔写真と絵を調べながら苦心しました。顔だけでも一〇〇回くらい修正しました。」

――一〇〇回もですか？

「全体的に穏やかな感じを与えながらも、悲しみと怒りを込めようと思い、そこにさらに日本をただす表情まで入れるのは容易ではなかったのです。微細な表情の違いが全体像のイメージを左右するため、一〇〇回以上直して直しましたよ。」

――主にどんな印象を伝えたかったのですか？

「何よりも弱くない印象を与えようと気をつかいました。堂々としながらも柔らかな表情を込めようと思いました。謝罪しない日本に断固として抗するまなざしを表現しようと心血を注ぎました。」

――完成するのにどのくらいかかりましたか？

「全体の作業期間は六カ月程度でした。毎日祈るように作業しました。少女が受けた苦痛が思い浮かび、心がすごく痛くてたくさん泣きました。顔の作業を完了して手を離すときは、深々と頭を下げ、礼を捧げました。」

――完成した少女像彫刻に満足していますか？

「私の心のなかにある像をある程度は表現したと思います。あまりにも悲しく、つらい事情を込めた像ですが、たくさんの人びとと共感する像をつくろうと思っていたので、その点では、期待以上の成果でした。多くの人が共感する彫刻を地道につくってきたことが実を結んだのが少女像です。そして少女像の作業の画竜点睛〔最後の大切な仕上げ〕は日本大使館と向きあう位置に建てることでした。」

――少女像が座っている場所が重要なのですか？

「日本大使館ではなく、南山《ナムサン》の頂上や明洞《ミョンドン》の真ん中に建てたならば、反響は小さかったでしょう。《平和の少女像》は、二〇年の間、ハルモニたちが一週も欠かさず水曜デモを開いてきた日本大使館前に建てたからこそ、市民に大きなインパクトを与えたのだろうと思います。」

＊

インタビューの合間にキム・ウンソン作家は少女像の展覧会を訪れた観客に解説をしていた。対案《オルタナティブ》高校であるイウ学校の男子学生四名に《神話》、《ピエタ》などの作品について説明をした。《金学順ハルモニ》の後ろにある暗い影について話をするときは、心が重くなった。解放後、一九四五年から一九九一年に証言するまでハルモニの人生は暗い影だった。「売春婦、売春婦」と後ろ指をさされるかと、明るい場所に出れずに隠れて過ごした悲しい過去だった。

ある若い夫婦は、《少女の夢　咲くことができなかった》という作品を現場で購入した。現在妻が妊娠六カ月中なので、生まれてくる娘にプレゼントしたいという。「慰安婦」ハルモニの夢多き少女時代を形象化したこの作品の前で多くの観客が足を止めた。まるで日の光を眺めているような少女の顔を見つめていると、いろいろな想いがよぎっていった。純粋、夢、太古の記憶が甦る。

日本にとって少女像が気に障る理由

日本政府は、他の場所でなく、日本大使館前に少女像を建てようとしたので、反対がよりひどかった。少女像を建てる過程で、日本の妨害が露骨だったという。

最初に作家夫妻は挺対協と水曜集会二〇周年記念碑を建てることにした。ところが、マスコミを通じて日本の反対の

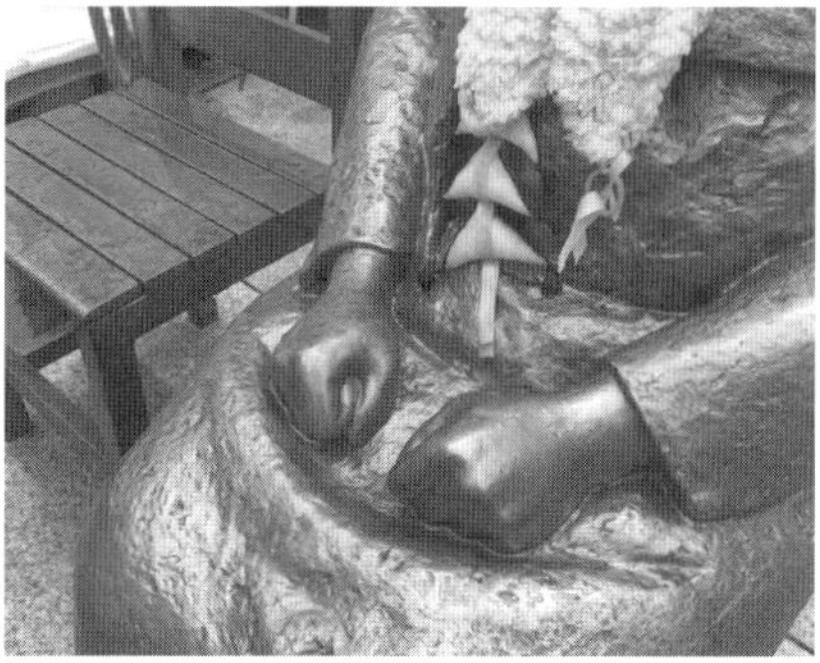
拳を握った形に変わった。

意思に接してから、彫刻像の建立に計画を変えた。彫刻像をつくっている真っ最中に、日本政府が造形物制作を中断させてほしいと要求する話を聞いた。おさえきれない怒りがこみあげ、最初は静かに膝の上にのせていた少女の手を、拳をぎゅっと握った形に変えた。

　少女像を建立する日の朝七時に日本大使館前に行くと、取材にきたのは、ほとんど日本の記者だった。記者と放送関係者一〇〇人以上が待っていた。さらに日本のある放送局は、現場での設置過程を生中継したという。韓国の記者は除幕式をする午前一一時頃になって姿を現わした。

＊

――最初に少女像を建てるとき、韓国よりも日本のマスコミの方がより関心が高かったそうですね。

「少女像を建てた日、取材に来た記者のほとんどが日本の記者でした。水曜集会一〇〇〇回を迎える二〇一一年一二月一四日朝七時に日本大使館前に行きました。日が昇る前に仕事を終えるため急いでいましたが、日本の記者たちが早朝から待っているんです。少女像の作業をする間ずっとシャッターが休みなくさく烈し、日本のマスコミ報道が多く出ました。」

――少女像の制作当時に日本の圧力も大きかったんですって？

「韓国に少女像を建てるときもそうでしたが、海外での方が日本のより激しい圧力を受けました。実際、米国グレンデール市の少女像を除いては、公共の場に建てることはできませんでした。日本の圧力のために韓人会館のようなところに建立しました。外国で少女像を設置する作業を進めながら、日本の国力を実感するようになりました。日本の経済力、

2011年12月14日、ソウル在韓日本大使館前で開かれた第1000回水曜集会。

外交力が本当にすごいということを感じました。
もう一方で、私たちが考えているよりも、日本の対外イメージはいいんです。国家レベルでの管理がよく、侵略された東南アジアの国家に行ってみても、反日感情があまりないと思います。戦争犯罪当事者であり、侵略国家でありながら、ここまでよいイメージに見えるのは驚くべきことでした。ところが韓国の小さな彫刻像一つのために戦争犯罪国家と批難される羽目になったので、大騒ぎになったんでしょう。だから少女像のために国の品格が落ちると騒いでいるのでしょう。」

――少女像が国格を落とすですって？

「日本は戦争の侵略国であり、加害国なのに被害国のふりをしています。日本政府だけでなく、多くの一般市民にも自分たちは戦争被害者だと考える傾向があると思います。広島、長崎の原爆被害のためにそのような認識が可能なのでしょう。戦争犯罪を隠蔽して隠しながら積み重ねてきた日本のよいイメージが少女像一つで赤裸々に剥がされることが気にくわないのでしょう。日本軍の性奴隷制度は、世界戦争史で類例を探すのが難しいほどの人類史上稀にみる犯罪だと思います。」

――日本政府がか弱く見える少女像を撤去するために総力を傾ける理由は、どうすれば犯罪の痕跡を消し、証拠をなくそうとする試みからだと言うことができますね。

「多分日本政府は「慰安婦」ハルモニたちが老衰して倒れることだけを待っているかもしれません。生きている歴史であり証言者であるハルモニたちがすべて亡くなれば、自分たちの戦争犯罪を隠蔽するのがはるかに容易になると思っているのでしょう。「慰安婦」サバイバーが生きているいまも、日本軍が「慰安婦」動員に関与していなかった、強制連行はなかったという言い逃れする彼らが後でどのように出るかは見なくても明らかです。ところが、ハルモニたちの場所に少女像が現われたのです。未成年女性を「性奴隷」として虐待した人権蹂躙の歴史を彫刻像一つが満天下に表したのです。彼らの目には、少女像が目の上のこぶのような存在のようです。」

――ところで、朴槿恵《パククネ》政府は二〇一五年、日本政府と性急に一二・二八「慰安婦」問題の「合意」をしながら少女像撤去を示唆しました。

「韓日外相共同記者発表では「韓国政府は、日本政府が在韓日本大使館前の少女像に対し、公館の安寧・威厳の維持の観点から懸念していることを認知し、韓国政府としても、可能な対応方向について関連団体との協議を行う等を通じて、適切に解決されるよう努力する」となっています。韓国政府は少女像撤去を約束したわけではありませんが、日本政府の要人らは、韓国政府が撤去することにしたと主張しています。先日、安倍晋三首相の側近である萩生田浩一官房副長官（当時）が「財団設立式典の日に（日本）大使館の前に慰安婦像がそのまま残っていて、そこで集会をやっている姿というのをわれわれは想像したくない」（『プライムニュース』BSフジ、二〇一六年四月六日放映）と発言しましたが、これは日本政府の本音を表現したものだと思います。」

――朴槿恵大統領は二〇一六年四月二六日、報道機関の編集・報道局長との懇談会で、「慰安婦少女像撤去と連携させたという主張が出ているが、合意の過程でまったく言及されていない問題」と言いましたが、すぐ翌日、日本の萩生田浩一官房副長官（当時）が反論の記者会見をしたでしょ。

「記者会見で在韓日本大使館前の少女像撤去が「（合意）の詳細の事項の一つとして含まれているものと認識している」

というふうに言いましたね。裏の合意がなければ、隣国の大統領の公式発言について、一介の官僚がすぐに覆す発言をすることができるだろうかと思います。」

――今後、少女像の運命はどうなるのでしょうか？

「事実一二・二八韓日「合意」は、米国の影響力が作用した合意と見るのが定説です。日米韓軍事同盟強化のための地ならしということでしょう。そのため、今後の圧力はあなどれないでしょうし、虎視眈々と撤去の機会を狙っているようです。

私たちは、いまや少女像は死んでも死なない不死の体になったと思います。すでに私たち国民の胸のなかに少女像が存在しているじゃないですか。象徴は恐ろしい力を持ったんです。誰もむやみに殺すこともできない存在になりました。さらに少女像は、全国各地でますます拡大して広がっていますよ。」

――ところで、日本の右翼だけでなく、韓国の一部の右翼団体も少女像撤去を主張していますね。

「日本の右翼が少女像に杭テロをしたりもしました。怒りがこみあげることですが、それほど少女像の存在が高まったことを示してくれる事件という気もします。一二・二八「合意」後のオンマ部隊奉仕団や脱北奉仕会のような右翼団体が挺対協を攻撃し、韓日「合意」を受け入れろという集会をしたりしました。日本の右翼は自国の利益のために真実を歪曲するとして、韓国の右翼は何を考えてしているのか、情けないという気持ちさえします。でも考えてみれば、日本帝国主義の植民地統治に反対して、数多の民族が奮い立って立ち上がった三・一万歳運動のときも親日派はいたし、日本の帝国主義の手先はいたじゃないですか。右翼団体は「ハルモニたち、日本を許してあげましょう」と主張していますが、許しと和解は被害者が言うのであって加害者の立場から強要したらだめでしょう。」

朴裕河の少女像批判について

日本の右翼は「慰安婦」問題で、自分たちの主張を展開するとき、チラシやポスターに少女像の画像を挿入して使用したりする。ある広報物には、少女像が涙を流す画像を背景に、「私は朝鮮人によって慰安婦（売春婦）にさせられました」「私は朝鮮人による歴史捏造の被害者です」という文を書き入れた。日本人のある人たちは朝鮮人「従軍慰安婦」は、自発的に行なった売春婦だと考えている。あるポスターには、日本兵が少女を背負っている絵を描いて、「朝鮮人慰安婦と日本兵の関係が基本的には同志的な関係」という写真の説明を付けた。この説明は、朴裕河《パクユハ》著『帝国の慰安婦』（뿌리와이파리、二〇一三年、日本語訳は朝日新聞出版、二〇一四年）(1)に出てくる文章をそのまま書き写したものである。

日本政府、日本の右派の主張と『帝国の慰安婦』は、一、二節のみ偶然一致したのではない。全体的な文脈で「慰安婦」を眺める基本的な視点が大同小異だということができる。裁判所が名誉毀損の有罪と判決した(2)『帝国の慰安婦』の主要な「虚偽事実」の要旨は「慰安婦は日本兵と同志的関係である」「慰安婦は自発的に行なった売春婦」「強制性否認」の三点に整理することができる。この三つは、日本の右派の主要な「偽りの扇動」の内容でもある。

こうした観点で書かれた『帝国の慰安婦』は日本大使館前の《平和の少女像》が平均的な「慰安婦」の姿を見せていないと批判する。少女像作家に『帝国の慰安婦』に出てくる少女像関連の一節を声にだして読みながら反応を聞いてみた。

「少女像は明らかに性労働を強要された「慰安婦」を想定する像だが、性的なイメージとは無関係に見える幼い「少女」の姿だ。」（韓国版、二〇四頁）

「では少女像を日本のデザイナーがパロディにした造形物のように売春婦のイメージにしろと言うのですか？」

「実際、朝鮮人慰安婦は「国家」のために動員され、日本兵と一緒に戦争に勝とうと、彼らの世話をして士気を高めた(3)者たちでもあった。大使館前少女像は彼女たちのそんな姿を隠ぺいする。」（韓国版、二〇五頁）

「少女像が抵抗する姿だけを表現する以上、日本の服を着ていた日本の名前の「朝鮮人慰安婦」の記憶が登場する余地はない。彼らのもう一つの生活と記憶、日本の軍人を看護して愛して一緒に遊んで笑った記憶をもつ「慰安婦」は、そこには存在しないのである。」（韓国版、二〇五頁）

「朴裕河教授は少女像を着物を着た女性像としてつくらなければならないと考えているようです。『帝国の慰安婦』の表紙に和服を着た女の子の絵があるのと同じことですよ。」

1　日本語版は、朴裕河『帝国の慰安婦——植民地支配と記憶の闘い』（朝日新聞出版、二〇一四年）。ただし、朝鮮語版・日本語版の異同も多いので注意が必要。本書の事実誤認については、鄭栄桓『忘却のための「和解」——『帝国の慰安婦』と日本の責任』（世織書房、二〇一六年／朝鮮語版は푸른역사）参照。

2　二〇一四年六月に「ナヌムの家」に居住する「慰安婦」被害者九名が朴裕河『帝国の慰安婦』（韓国語版）に対し、名誉棄損と出版差し止め仮処分を求めて提訴した裁判。翌一五年二月、ソウル地裁は名誉棄損を認め、三四カ所の表現を削除しなければ出版などを禁止する仮処分決定を下した。なお、朴氏が「支援団体に訴えられた」と表現するため、挺対協が訴訟を起こしたという誤報や誤解が今なお多い。

3　傍点は、注2の仮処分により削除された部分。

「少女像には「平和の碑」という名前がついている。しかし、許しの記憶を消去した目は、恨みに満ちた目で彼女を見る者たちに、日本に対する「敵対」に同意することを要求する。」（韓国版、二〇六頁）

「少女像は慰安婦自身だというより挺対協の理想を代弁する像である。つまり少女像は「当時の朝鮮人慰安婦」だというよりは、「二〇余年のデモ」と活動家になった慰安婦だ。」（韓国版、二〇八頁）

「いまの少女像は「平和」を語っているというが、その像が日本の屈服だけを要求するかぎり抵抗は大きくなるしかない。結果的に少女像はいつまでも平和ではなく不和だけをつくりだすのである。実際に、二〇一一年の冬、少女像が建てられた以降の韓日関係が極端に不和になっていったことがそれを証明している。」（韓国版、二〇九頁）

＊

――全体的な感じはいかがですか？

「噂は聞いていましたが、『帝国の慰安婦』を直接読んだのは初めてです。この方はいったいどこの国の人なのか気になります。韓国側に必ず入らなければならないというのではなく、一度は被害者の心で少女像を見なければならないのに、そんな心はみじんもない人のようです。水曜集会に連帯しに来た日本の市民たちがハルモニの心に共感する姿とはかけ離れたイメージです。日本政府を代弁しているような言い方のようですね。」

――朴裕河氏は少女像のせいで日韓関係が不和になったと考えているようです。

「本当に日本が謝罪して和解する心があれば、彼らの手で日本大使館前ではなく、日本の地に少女像を建てなければならないのではないでしょうか？　少女像を建て、その前で謝罪し、痛みに共感し、哀れむ心をもち、私たちが少女像に申し訳なく思うように、日本の人たちも心からすまないという気持ちをもつとき、真の和解が可能だと思います。過去のしがらみから抜けだせない彼らを残念に思います。謝罪する気はなく、心から和解する心がないから少女像が目に余るということなのでしょう。日本が和解しようとする対象は、どうみても、自分たちの口に合う親日政権ではないでしょうか。今なお軍国主義を標榜している日本と、「同志的関係」を維持してくれる韓国政権と和解したいということでしょう。」

——特に日本政府は、少女像を日本大使館前に設置したことについて、大変気にさわっているようです。

「居心地の悪さを引きだすためにそこに設置したのです。（日本で懇談会をしたとき）ある日本の大学生が「作家はなぜ韓日外交問題が発生するかもしれない少女像を日本大使館前に設置して、日本政府を不快にするのか」と質問しました。私はためらいもなく即答しました。「居心地の悪さを引きだすために設置したのです。戦争犯罪、未成年性犯罪についてしっかりとした謝罪と反省をせずに、犯罪の真相を隠そうとする人びとに気づいてもらおうと日本大使館前に設置しました」と言いました。日本軍「慰安婦」は、日韓問題ではありません。日本は韓日問題として限定しようとしますが、韓日問題であると同時に、世界的な人権問題です。日本は二七カ国を侵略し、さまざまな国の女性を性奴隷として連れて行きました。日本政府は、韓国人だけでなく、全世界の人びとに対してこれまでの戦争犯罪を認め、しっかり反省しなければなりません。ドイツ政府がユダヤ人虐殺について、全世界に向かって謝罪したようにです。」

——朴裕河教授は水曜集会を「二〇余年のデモ」と表現し、「少女像は慰安婦自身というより挺対協の理想を代弁する像である」と言いますが、どう思いますか？

「日本の戦争犯罪責任を問うために数十年間、病気にかかった老躯をひきずって、大変な思いをして活動する「慰安婦」ハルモニたちを否定的に貶めようとする意図が感じられます。日本軍「慰安婦」問題が広く知られるようになったのは、一九九一年八月一四日に金学順《キムハクスン》ハルモニが挺対協で初めて証言してからでした。金ハルモニは去る一九九一年八月、「私の人生は、一六の花盛りの年齢に終わりました。今もこうして死ねずに生きているのは血を吐く思いの恨《ハン》を解くことができなかったからです。私の青春を返してください」と日本の蛮行を告発しました。金学順ハルモニの勇気ある告白に続いて、多くのハルモニたちが公開証言をし、水曜集会に参加しました。生涯を涙のなかで過ごした方々が人権活動家になり、平和運動家になって、日本、米国、欧州を回りながら活動をするようになったことはどれほど誇らしく、尊敬すべきことでしょう。ところが朴裕河教授の目には、この方々は本当の「慰安婦」ではなく、日韓間の和解を阻害する「活動家慰安婦」と思っているようです。他人の痛みを共感する能力に問題があると思えます。」

――二〇〇五年に亡くなったキム・サンヒハルモニが病床で「私を車に乗せて（日本）大使館に行って。そこに行って死のう」と苦痛の絶叫を残して亡くなったそうです。死んでも目を閉じることができない、こんなハルモニたちの心を読めないようです。

「加害者側に立っているのでそうなのでしょう。そうではなければ、ほかに解釈することができないですね。日本政府と朴裕河教授は和解を語りますが、それを言う資格がある人は、ハルモニたちでしょう。ハルモニたちは赦す準備をしています。訪れて心から謝罪すればいくらでも和解できる方々です。私はすでに恨《ハン》を昇華させたと思います。だから、今はご自身の苦痛だけを見るのではなく、ベトナムやアフリカの戦争被害者、在日朝鮮人の人権問題に目を向けているじゃないですか。「慰安婦」ハルモニたちほど平和と和解を全身で叫ぶ方々がほかにいますか？　一方、戦争犯罪国家である日本は、和解を言いながら、実際には戦争ができる国へと変身をはかっています。」

平和を夢見る黄色の蝶《ナビ》とベトナムのピエタ

日本軍「慰安婦」ハルモニたちは戦争犯罪の被害者だ。だからどんな戦争にも反対し、戦争被害者との連帯の先頭に立つ。ハルモニたちが本当に願っているのは、戦争のない世界だ。こうしたハルモニたちの心は「ナビ〔蝶〕基金」の募金提案として具体化された。二〇一二年三月八日金福童《キムボットン》、吉元玉《キムウォノク》ハルモニは記者会見を開き、ナビ基金の募金を提案する。

「一三歳で軍人たちの戦場に連れて行かれ、今八五歳なのに、七二年間、胸の痛みを抱えて生きてきました。いまも外国で、私たちのような痛みを受ける人がいるなんて、もし日本政府から法的賠償金を受けとれるようになれば、その人たちのために使えればいいと思います。」（吉元玉ハルモニ）

ナビ基金の募金の提案が公開された後、一号の寄付者は歌手イ・ヒョリさんだ。金福童ハルモニは二〇一五年に全財産五〇〇〇万ウォン（約五〇〇万円）をナビ基金に寄付することもした。この基金を活用して、最初に平和の羽ばたきをしたのは、アフリカのコンゴであった。コンゴには、二〇年以上の戦争の渦のなかで数多くの女性が性的暴力の被害を受けていた。

ついでナビ基金は、ベトナム戦争被害女性にも関心を示した。ナビ基金三周年を迎えた二〇一五年三月八日挺対協は韓国政府を相手に「これ以上の歴史の真実に目をそむけず、正しい真相調査と究明を通じて、ベトナム戦争の時期、韓国軍による民間人虐殺と性暴力についての真実を明らかにし、ベトナム政府と国民に公式謝罪と法的責任を履行すること」を要求する声明を発表した。以後、挺対協事務室には、ベトナム参戦軍人たちの抗議電話がたびたびかかってきた。

しかし、このような脅迫を受けてもナビ基金の活動を中断しなかった（ユン・ミヒャン著『二五年間の水曜日』사이행성、二〇一六年を参照（改訂前の『二〇年間の水曜日』梁澄子訳、東方出版、二〇一一年））。

少女像の彫刻家夫婦は、しばらく前から少女像とともにベトナム平和像をつくるために東奔西走している。韓国軍によって虐殺されたベトナムの被害者を慰めるこの象徴の名前は《ベトナムのピエタ》（母と無名の赤ちゃん像、ベトナム語の名前は「最後の子守歌」）である。二〇一六年四月二七日には、ベトナム終戦四一周年（四月三〇日）にあわせてソウル貞洞《チョンドン》フランシスコ会館《平和の少女像》の前で韓ベ平和財団建設推進委員会（推進委員長ノ・ファウク）が、財団発足記者会見をしたが、この日夫婦作家はベトナムピエタ像の原形を初めて公開した。

*

——作品名はなぜピエタなのでしょう？

「ピエタとはイタリア語で「憐みをかけ給え」という意味で、聖母マリアが死んだキリストを抱いている姿を表現した絵画や彫刻を言います。ベトナムのピエタは、母親が虐殺された子どもを抱いている写真を形象化した作品なんですね。」

〈ベトナムのピエタ〉原形。

——いつピエタを構想したんですか？

「二〇一五〜二〇一六年にナビ基金のベトナム平和紀行に参加したんですが、そのときホーチミンの戦争博物館で韓国軍が犯した虐殺に接し、作品にしようと決心しました。お母さんが子どもの死体の前で号泣する場面を見ながら、母親が子どもを抱いている作品をつくって慰めたいと思ったんです。目を閉じることができないまま死んだ子どもの写真を見て言葉につくせないほどの申し訳ない気持ちになりました。ベトナムの草と木、動物

〈ベトナムのピエタ〉

©イ・ガンフ

坊や、覚えておきなさい

「坊や、坊や、覚えておきなさい。

韓国軍が私たちをくぼみに追い込み、すべて撃ち殺したんだ。

坊や、この言葉を覚えておきなさい」


憎悪の碑に刻まれたビンホア村の子守歌です。

ベトナム中部の多くの慰霊碑には生まれて一年足らずの赤ちゃんたちの名前を「無名（ベトナム語でボジャン）」と刻みました。この赤ちゃんらの死を慰め、戦争で失った無念の死と自然に対する謝罪の気持ちを込め、どうかあの世で安らかであることを願う気持ちで私たちはベトナムのピエタ像を制作することになりました。

眩しいほど蒼い空と澄んだ透明な露も存在するという事実さえ知らないまま、小さくか弱い体で恐ろしい銃声とともに苦しい死を迎えることとなった数多の赤ちゃんたち……。

ベトナムのピエタは、その者たちを慰め哀悼するため、そして苦痛のない美しい世界で、深く安らかに眠ることができるよう最後の子守唄を聞かせるために制作しました。

そして私たちがまだ十分に伝えることができていないベトナム民間人の被害者に向かい、われわれはまだ伝えられていない心からの謝罪と反省のメッセージも込めました。

赤ちゃんを抱きかかえた女性は、赤ちゃんの母親であり、大地の女神として世の風波のなかで大切な赤ちゃんを失くした母親でもあり、本人の体をかけて赤ちゃんを生かすため抱きすくめた母親です。

この蝶は、生まれ変わりを意味し、切なく死んでいった魂を慰め、平和を祈願する思いを込めました。

フロメリアを捧げて彼らの冥福を祈る意味を込め、ベトナムを象徴する動物である水牛と孔雀、ベトナムの国花である蓮の花を刻み、平和で幸福な世界への願いも込めました。

また、風と雲は、この世を超えた天上の世界を意味し、椰子の木は自由な魂を表現しています。

私たちはこのベトナムのピエタ像によってベトナム戦争で犠牲になった無念の死を知らせ恥ずべき歴史の事実を自覚させたかったです。

一つの芸術作品が世の中を変化させることはできませんが、「ベトナムのピエタ像」を通じて、なぜ戦争が起き、なぜ死なねばならなかったのかを問いたいし、戦争が起きないよう私たちは、国家はどうすべきなのか、考えるきっかけになればと願っております。手遅れにならないうちに。

ありがとうございます。

2016年4月27日〈ピエタ〉像の作品説明文、キム・ソギョンウンソンにたいする申し訳ない気持ちまで込めた彫刻像を、ベトナムの子どもたちに贈りたいと思いました。

――ピエタ像の原型を公開しましたが、実際のピエタ像はいつ建てるんですか？

「今年〔二〇一六年〕中にベトナムと韓国で同時に建てようと思います。韓国のピエタ像は済州島江汀村《カンジョンマウル》に建てる計画です。ところが韓国でベトナム参戦団体がすでに反対の声をだし脅迫していて、ベトナムは政府レベルでの設置は難しいと言っています。」(4)

――なぜベトナム政府はそうなんですか？

「どうやら韓国との経済協力が重要だからという理由のようです。それでもピエタ像原型を公開するイベントの場面がベトナムでも大きく報道され、現地の雰囲気はいいと聞いています。」

無名の赤ちゃんのための「最後の子守歌」

――《ベトナムのピエタ》像で花と動物が母親と子どもを支えていますが、どういう意味ですか？

「ベトナムに行って「無名の赤ちゃん」慰霊碑を見て、この作品を構想しました。慰霊碑には、無名の赤ちゃんの名前がたくさんありました。まだ一歳にもならない、名前さえなかった子どもまで虐殺されたと言います。この無名の赤ちゃんには、まず母親が必要だと考えました。蓮の花はベトナムの国花であり、水牛はベトナムを象徴する動物です。プロメリアの花は死者をたたえる花だそうです。母は肉体的な母でありながら大地の女神を象徴しています。ベトナムではこの作品を「最後の子守歌」とタイトルをつけて広く知らせたいと思っています。」

——日本の戦争犯罪の責任を問おうとするならば、まず私たちはベトナムで犯したことから反省しなければならないという気もします。

「はい、そうです。韓国政府はこれまでベトナム戦争に対するいかなる反省もありませんでした。どの民族や国家も歴史的な過ちを犯すことがあります。しかし、その歴史を否定するということは、未来にも同じ過ちを繰り返すという意志の表明にちがいありません。米国はベトナムの住民虐殺を公式に謝罪しましたが、韓国は誰の顔色をうかがって謝罪できないのかがわかりません。」

——《平和の少女像》は数多の国民の支持を受けていますが、ベトナムのピエタ像はともすれば理念対決の構図に巻き込まれるかもしれませんが、周囲の反応はどうですか？

「いくつかの懸念をおっしゃる方もいて、ベトナム参戦団体は告訴したりしました。けれど私たちは芸術家じゃないですか。心が動くまま、水の流れるままに赴くつもりです。」

——今後の計画はありますか？

「少女像をつくりながらやるべきこと、やりたいことがたくさんできました。今年〔二〇一六年〕は、ベトナムのピエタの作業とともに日本に強制徴用された方たちの彫刻像をつくることを構想中です。これからしばらくは日本の植民地支配の責任を問うテーマを扱うようになると思います。」

——少女像を応用した創作品がたくさんできるようです。小さな少女像も人気ですね。

4　二〇一七年四月、韓ベ平和財団がベトナム戦終戦42周年にあわせ、済州・江汀村に建立した。

「小さな少女像をつくるため資金集めをしたのですが、二万余名が少女像を持つようになりました。おかげで一億ウォン（約一〇〇〇万円）以上を正義記憶財団(5)に寄付しました。ある方たちは、世界の旅に出るとき小さな少女像を持ってまわり、日本軍「慰安婦」被害者の実像を、全世界に知らせると言っています。少女像をテーマに他の分野の芸術家たちが漫画、写真、絵などの作業を活発にするのを見て、芸術の拡散性を実感もします。」

＊

少女像はギャラリーで鑑賞しても完成度が高い芸術品である。しかしながら少女像の真価は、人と一緒にいるとき、その光をさらに放つ。あどけない子どもともよくあうし、古希をこえたハラボジが横に立っても自然だ。少女像の写真のなかでもっとも印象的なのは、「慰安婦」被害者ハルモニたちが隣に座って少女の手を擦ったり、頬を撫でる場面だった。数十年ぶりに会った肉親を喜ぶ感じが伝わってきた。

このとき、少女像はハルモニたちの幼い頃の姿であり、分身のようにも見えた。あるときは少女像が苦痛のなかで咲いた蓮の花であり、苦難のなかで悟りをえた聖人、菩薩のようにも思えた。数万、数百万の化身として広がっていく少女像は苦痛の海から救いだした真実と希望の結晶に見えた。

この時代の〝国宝〟のような少女像をつくった夫婦の彫刻家に最後に尋ねた。

＊

――少女像をつくって一番感動的なことは何でしたか？

「感動的な瞬間はたくさんありました。そのなかで一つだけあげるならば、ある学生が「日本大使館前の少女像」という住所を書いて一通の手紙を送ったんですが、それを配達員のおじさんが本当に届けてくださったんです。黄色い封筒を少女像の手の上にのせたんですよ。その話を聞いて本当に驚きました。いまや全国民が知り、愛する少女像になったんだと思いました。」

＊

夫婦作家は、今後も少女像が韓国内だけでなく中国、東南アジア、米国、ヨーロッパなど世界各地に建てられることを期待している。特に日本と北朝鮮にも《平和の少女像》を建立する日を心待ちにしている。そうなれば、日本軍「慰安婦」ハルモニたちが夢見る戦争のない世の中にぐっと一歩近づいたことになるだろう。

5 「日本軍性奴隷制問題解決のための正義記憶財団」のこと。二〇一六年六月、日韓「合意」を無効にし被害者への福祉・文援事業、研究事業、教育事業などを行なうために、韓国挺身隊問題対策協議会（当時）などが発足した。二〇一八年七月、挺対協と組織統合し、「日本軍性奴隷制問題解決のための正義記憶連帯」となった。

《平和の少女像》＝紙上展示と探訪―第Ⅲ部

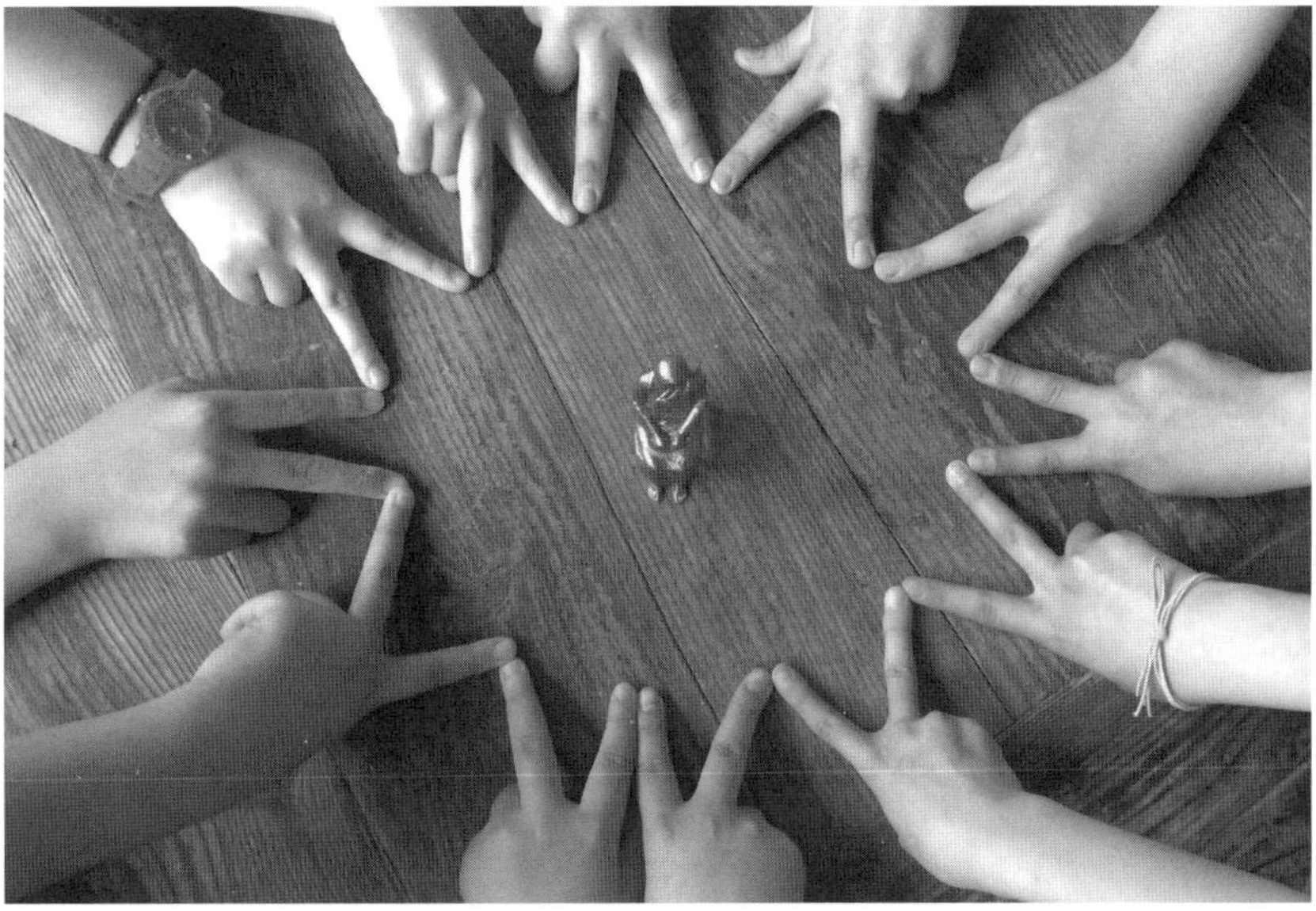

済州島の「コッチャワル小さな学校」の子どもたちが小さな少女像と旅にでた。

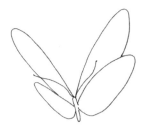

1. 《平和の少女像》ミニチュアを持ってでた旅行

文・写真／コッチャワル小さな学校教員　ムン・ヨンポ

済州《チェジュ》島にある「コッチャワル小さな学校」は週末や夏・冬休みにキャンプや旅行を運営する「隙間学校」です。子どもや青少年と一緒に環境、平和、人権、分かち合い（共生）などの価値観を議論し実践しています。

日本軍「慰安婦」問題についてもたえず関心を持っています。関連書籍を読んで、映像を見ながら議論します。二〇一三年からはソウル旅行のさい、戦争と女性の人権博物館を参観して、水曜集会に参加し、金福童《キムポットン》ハルモニ・吉元玉《キルウォノク》ハルモニを訪ねています。

コッチャワル小さな学校の子どもたち。

二〇一六年五月（五月一六〜二一日）のコッチャワル小さな学校の子ども会春の旅。一二人の幼い友だちとの旅行にも小さな少女像が一緒でした。全州《チョンジュ》の韓《ハ》屋村《ノクマウル》、甲午農民戦争（東学農民運動）の現場（全羅北道井邑《ジョンウップ》）、蟾津江《ソムジンガン》（全羅北道任実《イムシル》、全羅南道谷城《コクソン》）、智異山《チリサン》（老姑壇《ノグダン》）、順天《スンチョン》湾の山や丘、川や海、歴史の現場を共に訪れました。小さな少女像に韓国の方々の土地を見せることができて嬉しかったし、旅行で出会う人びとに関心を呼び起こし、愛をもらうことができて幸せでした。

今後もキャンプや旅行のたびに、小さな少女像と一緒に行こうと思います。日常生活のなかで日本軍「慰安婦」問題の解決に向けた動きを多くの人びとが一緒にできるよう努力します。

全州《チョンジュ》・韓屋村の宿舎にて。

全州・韓屋村・梧木《オモク》台にて。

全州・韓屋村にて。

全州・殿洞《チョンドン》聖堂にて。

甲午農民戦争・萬石状の跡地にて。

甲午農民革命記念館にて。

甲午農民戦争の指導者・全琫準《チョンボンジュン》の古家にて。

全羅北道任実郡《イムシル》の徳峙《トクチ》小学校にて。

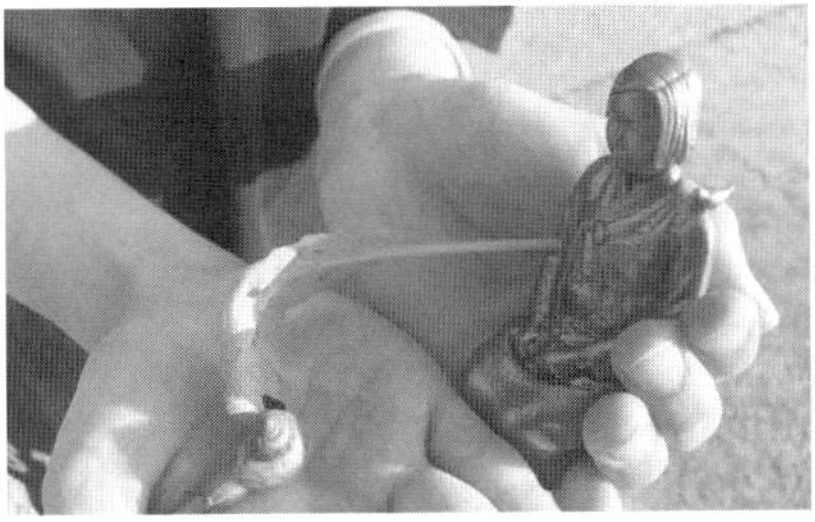

全羅北道任実郡の蟾津江《ソムジン》チンメ村にて。

チリ山国立公園の老姑壇《ノコダン》にて。

全羅南道順天《スンチョン》「奇跡の遊び場」にて。

2. 少女の夢、神話として咲く

紙上展示＝コドギャラリー〈少女像〉招待展（二〇一六年三月一日〜一五日）

写真／イ・ガンフン＋チェ・ホシク

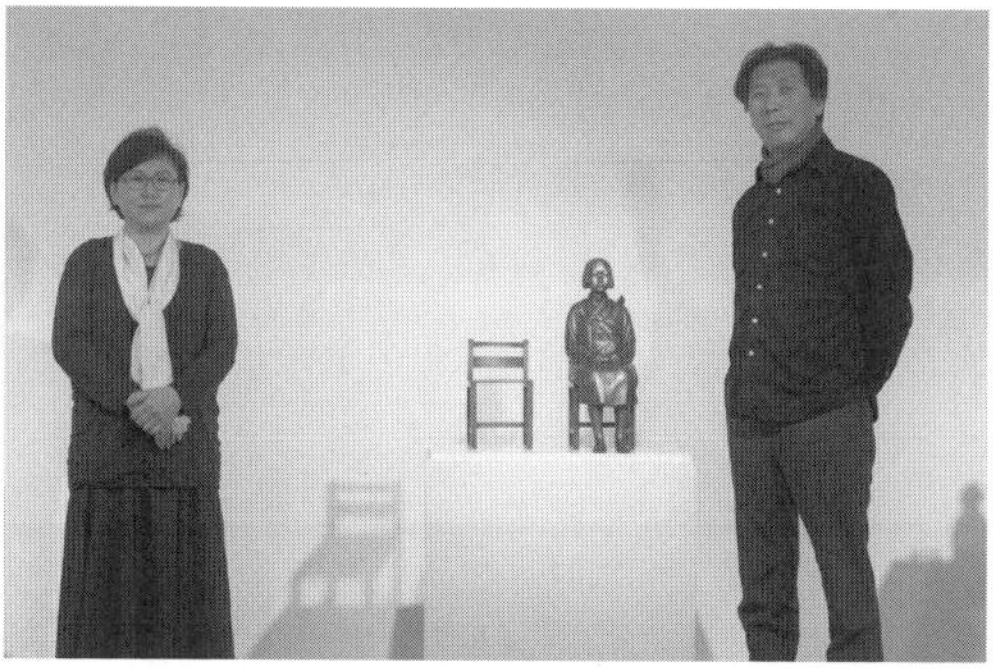

少女がいる。
青い野原で花の香りを嗅ぎながら夢見た少女がいる。
愛くるしい微笑みは香りとなって広がっていたのに……
東の方から吹いてくる真っ赤な激しい暴風雨が香りをのみ込んでしまった。
誰でも夢見るそんな夢が一瞬で消え去って
嵐に耐え抜いた少女の頭には、いつのまにか白い雪が降った。
白髪の少女は、神話のような大きな岩となり今日もそこに座っている。

キム・ソギョン

《少女の夢ひとつ——咲けなかった花》キム・ソギョン、2011年。

巨済島《コジェド》の《平和の少女像》モデリング、2014年。

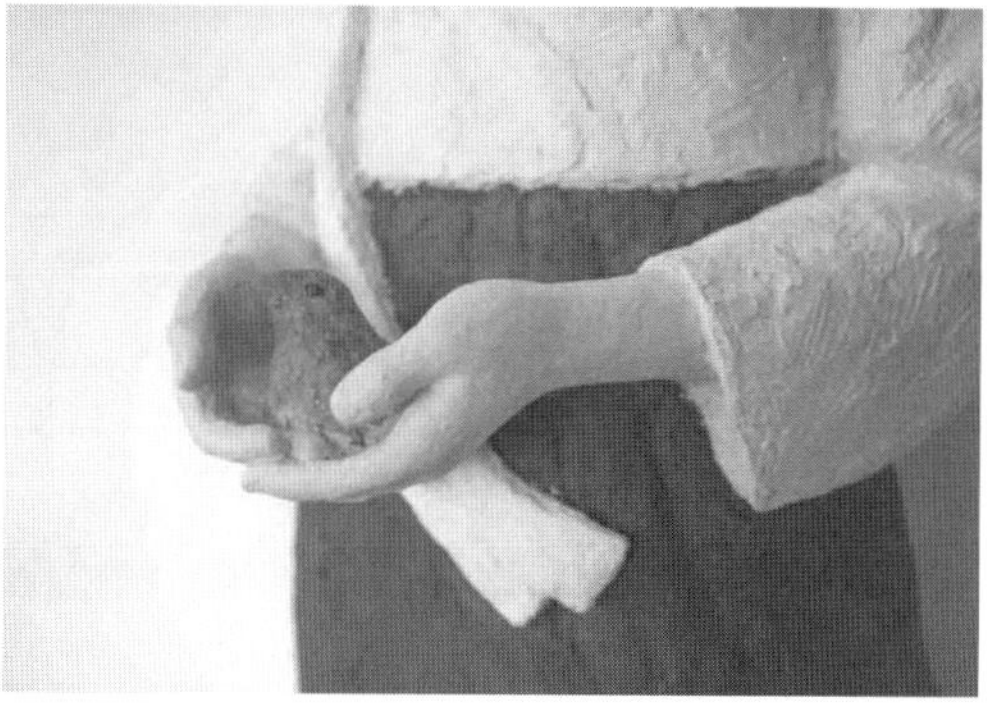

済州島の少女像が守っている平和の鳥。

《神話２　飯》。

《神話１　火》。

《吹きすさぶ》2009年。

《ベトナムのピエタ》
モデリング、2015年。

3. 韓国内の《平和の少女像》＝紙上探訪

——「建てよう　建てよう　《平和の少女像》を建てよう」

●設置地——ソウル日本大使館前／ソウル戦争と女性の人権博物館／高陽市／巨済市／城南市／水原市／華城市／高陽市、地方政府合同庁舎／ソウル梨花女子大前／大田市／蔚山市／江陵市／全州市／慶尚南道南海郡／原州／清州市／光明市／ソウル蘆原区／世宗市／ソウル城北区、韓中平和の少女像／瑞山市／ソウル貞洞キル／議政府市／浦項市／天安市／全羅南道海南郡／済州市／牙山市／木浦市／軍浦市／金浦市／全羅南道務安郡／烏山市／ソウル銅雀区／安山市／ソウル九老区／論山市／始興市／堤川市／尚州市／ソウル江北区／釜山市／大邱市／安養市／京畿道楊平郡／平沢市／麗水市

●文——貞洞《チョンドン》キルの《平和の少女像》は、梨花《イファ》女子高の歴史サークル拳斧が書きました。他の写真説明は、キム・ソギョン、キム・ウンソン作家と地域の平和の少女像推進委員会から送られた文から抜粋して掲載しました。

●写真——キム・ソギョンウンソン作家、各地域の平和の少女像推進委員会提供。

ソウル中学洞、日本大使館前の《平和の少女像》――水曜集会一〇〇〇回記念

《平和の少女像》、この作品は、日本帝国主義の侵略からはじまります。少女と若い女性たちの苦痛と悲しみがその作業の根です。そして一九九一年に金学順《キムハクスン》ハルモニの勇気ある証言、一九九二年から二〇年間一〇〇〇回続いてきた「日本軍慰安婦問題解決のための定期水曜集会」の闘いの産物です。

（ソウル中学洞の日本大使館前、二〇一一年一二月一四日）

ソウル麻浦《マッポ》区、戦争と女性の人権博物館の《平和の少女像》

二〇一二年五月五日子どもの日、戦争と女性の人権博物館開館式で、《平和の少女像》を設置しました。日本軍「慰安婦」サバイバーたちが経験した歴史を記憶し教育し、日本軍「慰安婦」問題を解決するために活動する空間です。場所が狭かったので平和の碑を刻んだ文は一緒に設置できませんでした。

（ソウル麻浦区、戦争と女性の人権博物館、二〇一二年五月五日）

高陽《コヤン》市の《平和の少女像》——地域に初めて建てられた《平和の少女像》

最初は湖水公園六〇〇周年記念館前に設置されましたが、二〇一六年、市民たちの要請で、より多くの人びとが行き交う文化広場に場所を移しました。このように高陽市をはじまりとして、地域でも歴史をきちんと正すために各地に《平和の少女像》が建てられるようになりました。高陽市文化広場では、毎月二回ずつ夕方六時に水曜集会が開かれます。
（高陽市文化広場、二〇一三年五月二一日）

巨済《コジェ》市の《平和の少女像》——海の向こうの日本を凝視

国の内外で、ニューライト（新興右派）が作った教学社《キョハクサ》の高校歴史教科書の採択をめぐる賛否論争、日本人のグレンデールの《平和の少女像》撤去署名運動、日本の平和憲法第九条改訂の動きなど、歴史歪曲の流れが強まっていたとき巨済の《平和の少女像》を制作することになりました。巨済の《平和の少女像》は自由と平和の象徴であり、亡くなった「慰安婦」ハルモニと生きておられるハルモニを結びあわせる霊媒の役割の鳥を少女が両手でしっかりつつんで保護する姿です。中学洞の《平和の少女像》は、日本大使館を眺めていますが、巨済の《平和の少女像》の視線は海の向こうの日本を凝視するようになりました。

（巨済市巨済文化芸術会館小公園、二〇一四年一月一七日）

城南市《ソンナム》の《平和の少女像》――除幕式に進歩・保守が一緒に参加

京《キョン》畿道《ギド》城南市（市長イ・ジェミョン）は自治体が先頭になって《平和の少女像》を建てました。《平和の少女像》は市庁のなかに建てましたが、《平和の少女像》の除幕式の日、軍人の服装をした老兵たちが現われびっくりしたりもしました。よく見ると来賓でした。保守進歩を問わず除幕式をともにして、その場をより意味深いものにしました。（城南市役所前、二〇一四年四月一五日）

水原《スウォン》市の《平和の少女像》――蕾のまま

除幕式に参加した（左から）アン・ジョムスン、金福童、吉元玉・ハルモニ（©キム・ヒャンミ）。

水原平和の碑建立推進委員会が水原市民の意思を集めて建てました。ここには水原に住むアン・ジョムスンハルモニとソウルのシムトに住む金福童《キムボットン》ハルモニ、吉元玉《キルウォノク》ハルモニが座ってくれました。

（水原オリンピック公園、二〇一四年五月三日）

華城《ファソン》市の《平和の少女像》——少女とハルモニ

少女とハルモニ〈ユ・ジソン〉
ハルモニの足の甲に花が咲く／絶望して怒り叫んでいたが／赦しという花を見る／花が咲いたところどころに、血まみれの歳月の川を見る／「苦痛が過ぎれば歌があふれる」＊／花が咲いた足の甲に、涙の楽譜だけが現在進行形である／歴史の前に、血まみれの歴史の前に／血に染まったろうそくが一本燃えている（＊ウズベキスタンの格言）

穴蔵で／植民地の砂漠で裸で泣いていた少女よ／歴史の、女の、少女の貞節に銃口を撃ち込んだ日本人の統治下に／生と死が一日だけ生きる命のように

泣いていた少女よ／今日は泣くな／愛のない花は咲かないのだ

柿の花を拾い、鳳仙花で爪を染めていた少女よ！／かつて／激しく泣いていた悲しみ、肉塊のようだった体で／死の川を渡ってきた少女よ／歴史の川は流れる／いま川になり、全身が川の水になり、純潔な体で生きたまえ

歴史の花は咲く／いま足の甲から純潔な土になって、ついに全身に命が芽生え／民族の魂になった白い花として咲きたまえ／死んでも死にきれない白い花として永遠に永遠であれ！（華城市《平和の少女像》への献詩）

（東灘セントラルパーク、二〇一四年八月一四日・「慰安婦」を讃える日）

高陽市国立女性史展示館の《平和の少女像》——私を忘れないでください

「私の恥は二の次、二の次だ。悔しい思いは言葉にすることができない。全世界で今じっくり考えてください。世界で、日本で戦争するとして、自分たちは戦争ではなく、なんとアジア諸国のために行ったと、独立させてやったと、こんなことを言うが、話にならないでしょ。それは理屈に通らないことでしょ？　日本が戦争をしたために、このような被害にあった国が一つ、二つじゃないでしょ？　アジアのいろいろな国が被害をこうむったのに、そうだったら自分たちが間違ったことを顧みず、これといった謝罪の一言すら言わないでいるのではないか。人間なら、私は他の人はすべて必要ない。日本のあの人は天皇だというが、私は日本の王だと言うしかない。日本の王なのだから、日本の王だと言うんだ。日本の王にそのときのことは自分たちが間違っていた、戦争を始めたのは間違っていたというなら、それは必ず謝罪しなければならないと思う。他の人はいらない。日本に他の人もみな必要ない。日本の王が謝罪すべき、他の人が何の役に立つか。そうだろ。」（一九九七年七月、金学順ハルモニ最後のインタビュー「私の願いは……」『ニュース打破』〈https://newstapa.org/31374〉）

（高陽地方政府合同庁舎・国立女性史展示館、二〇一四年九月一日）

ソウル、梨花《イファ》女子大前の《平和の少女像》——平和ナビ

「平和ナビ（蝶）」の活動をしている大学生たちが梨花女子大前に平和ナビ《平和の少女像》を建てました。ここの《平和の少女像》は青い蝶の羽をつけた姿で制作されました。蝶は若年たちの力強い跳躍を表現したものです。

（梨花女子大学前の大賢《テヒョン》文化公園、二〇一四年一二月二四日）

大田《テジョン》市の《平和の少女像》――民族の魂の復活を象徴

（©オ・ミンソン）

「光復七〇年になったが、われわれはまだ解放されていません。再び私たちのような苦しみがないことを、朝鮮半島が早く統一され、戦争のない平和の国になって、私たちのような被害者が生じないことを願います。」（金福童、吉元玉ハルモニ、除幕式挨拶の言葉）

（大田広域市庁北門向かいボラメ公園、二〇一五年三月一日）

建てよう
建てよう
慰安婦少女像を建てよう
日本植民地時代　もっとも血ぬられた痛みとして
苦痛を受けた朝鮮の娘たちの魂を慰めて
軍国主義の復活を図る日本の亡霊を阻止する
民族の魂の復活を象徴する少女像を建てよう！
（キム・ヨンウ牧師、除幕式の祝辞より）

蔚山《ウルサン》市の《平和の少女像》——どれほど苦労して耐えてきた歳月か

蔚山の《平和の少女像》の除幕式には、遠く大邱《テグ》から李《イ》容洙《ヨンス》ハルモニが席をともにしてくださって、より意味が深まりました。李容洙ハルモニは、少女の顔を撫でながら涙を流しました。どれほど苦労して耐えてきた歳月だったでしょう。胸がじーんとしてきました。

（蔚山大公園、二〇一五年三月一日）

江陵《カンヌン》市の《平和の少女像》――東海を眺めながら

鏡《キョン》浦《ポ》台の隣に建てられた《平和の少女像》は、遠く東《トン》海《へ》を眺めています。海の向こうの日本を見て少女は何を考えているのでしょうか？　喜んで許したいのに、謝罪しない日本を眺める目元に残念な気持ちが感じられます。

（鏡浦台横三・一運動記念公園、二〇一五年八月五日）

全州《チョンジュ》市の《平和の少女像》――《平和の少女像》は歴史の勉強部屋

《平和の少女像》の向かい側には、セウォル号惨事（七一頁参照）を記憶する座り込みテントがあり、左側には市民三〇四名が植えたセウォル号の木が立っています。いま人びとは、この広場を「記憶の広場」と呼びます。
（韓屋村の近く豊南門《プンナムムン》前の記憶の広場、二〇一五年八月一三日）

慶尚南道南海《ナメ》郡の《平和の少女像》――パク・スギハルモニのスギ公園

少女は両手で椿を持って立ち、はてしない遠くを見つめています。少女が見つめるのは、かつての自分の姿であり、未だ癒されない現在です。立っている姿は、日本が再武装をして軍国主義に回帰しようとし、北東アジアでの戦争に対する危険性が高まるという事実を知らせる標です。椿は希望の願いを意味します。椿は強靭な意志と生命力で険しい歳月の荒波にうちかってこられたハルモニたちの人生を表現したものです。そして、このようなハルモニたちの意志で生命と平和を守る姿を象徴しています。「バレ」（南海の方言で海に貝や海藻類を採取しに行くことを「バレに行く」としたことに由来した言葉である）にあるとき連れて行かれたパク・スギハルモニを思い、ザルとクワを椅子の上に置きました。当時この地域でバレをしていた少女を容赦なく引っ張っていった歴史を知ってもらおうと形にしました。

南海はパク・スギハルモニが住んでいるところです。パク・スギハルモニはとても活発な性格で人と会うのが好きでした。しかしこの《平和の少女像》を設置すると

(©チェ・ホシク)

き、体の具合がとても悪くて病床にありました。

南海郡庁は大変な苦労をしてきたハルモニを世話して、《平和の少女像》を設置した場所の名前もハルモニの名にちなんで「スギ公園」と名づけました。「スギ公園」は、南海郡古縣面《コヒョンミョン》出身のパク・スギハルモニが一六歳だった一九二九年いとこと一緒に「バレ」をしに行く途中で日本軍に無理やり連れて行かれ、日本と中国などで七年間、「慰安婦」生活を強要された後、光復〔解放〕とともに劇的な生還をしたハルモニを称える心で郡民たちがつくった小さな公園です。

パクハルモニは二〇一六年五月二〇日、九五歳の誕生日を迎え、南海郡とともにスギ公園を訪問しました。ハルモニは《平和の少女像》の手をしっかりと撫でながら「おまえもスギか？　私もスギだ」と挨拶を交わし、熱い涙を流したそうです。

《平和の少女像》の設置前に《平和の少女像》の説明をするために南海に行ったことがあります。そこで出会ったハルモニが「私も女だと……。なぜしきりに同じ話を訊くんだ！　私も女だ！」とおっしゃりながら涙を隠す姿が頭からはなれません。

（南海スギ公園、二〇一五年八月一四日）

原州《ウォンジュ》市の《平和の少女像》——進歩保守、五大宗派が一つの心でつくって

《平和の少女像》が笑顔を見つけるまで蝶をつくって普及する市民もいますし、《平和の少女像》のために音楽を演奏して歌う自発的な市民の会も生まれました。《平和の少女像》のための詩の朗読の会も活発で、韓紙を愛する市民は韓紙人形を作って《平和の少女像》の問題を知らせています。教師たちは現場授業のために週末には学生たちとここを訪れます。

（原州市庁公園、二〇一五年八月一四日）

清州《チョンジュ》市の《平和の少女像》——カラーの追悼碑を建てて

（©ジョン・チソン）

教育監〔日本では教育委員会の委員長にあたる〕と教育庁の寄付金の公式参加を契機に高校生の参加が爆発的に増えて一〇〇〇名以上の参加と一〇〇〇万ウォン〔約一〇〇万円〕以上の募金が中高生たちによって達成されました。たいへん貴重な募金です。そうして清州で全国初のカラーの追悼碑と《平和の少女像》を建てることができました。

（清州青少年広場、二〇一五年八月一五日）

光明《クァンミョン》市の《平和の少女像》――鉱夫石像の横に

（©クァン・ミョンシ）

《平和の少女像》は光明洞窟の入口付近にある鉱夫石像の横に建てました。光明市光明洞窟は日本の植民地支配時代に、金・銀・銅を掘りだして収奪されたところです。二〇一三年一一月九日には光明市がここに、「鉱夫の命と哀歓を称え」鉱夫の石像を建てたそうです。

（光明洞窟入口、二〇一五年八月一五日）

ソウル蘆原《ノウォン》区の《平和の少女像》――歴史の道に

蘆原区庁は、二〇一五年八月の光復七〇周年を迎え、マドゥル近隣公園に「歴史の道」を造成しました。「歴史の道」は先史、古代、朝鮮、近代、現代史の順に構成されていますが、近代の記念物の一つとして《平和の少女像》が一緒に入っています。

（蘆原マドゥル近隣公園、二〇一五年八月二五日）

世宗《セジョン》市の《平和の少女像》――八道の方言で書いた《平和の少女像》の詩

蝶夢

シン・ギョンソプ

半万年三千里（朝鮮半島）の山河が屈辱を受けるも
「眩しい春の日は来た」
「前の山には花が咲き、後ろの山では鳥が鳴く」
「よもぎが芽を出す春に　故郷を離れたらいつ帰るだろう」
山を越え海を渡って泣きながら飛ぶ蝶の夢
長い長い暗い夜が過ぎ
暖かくまぶしい朝の日差しにのって
「蝶になって飛んできたよ、もう一度飛ぶよ」
眩しい春の日　失われた夢を探して
悲しくひもじく　まるで繭のトンネルを抜けるよう
ふわり　ふわり

（世宗市湖公園、二〇一五年一〇月三日）

ソウル城北《ソンブク》区韓中の《平和の少女像》——中国の「慰安婦」ハルモニの足跡

二〇一四年秋、数人の中国人が私たちのアトリエを訪ねてきました。彼らは、韓国の《平和の少女像》を見て感動したと言いました。特に、空いた椅子を見て、その椅子に中国の《平和の少女像》も座るようにしたらいいと考えたそうです。中国の南京虐殺について語りながら、日本の植民地支配時代の朝鮮人が受けた苦痛に共感をすると言いました。

中国でも多くの女性が日本軍「慰安婦」として連行されて行きましたが、その話をドキュメンタリー映画として制作して世界に知らせたいと話しました。その過程で韓国の《平和の少女像》と中国《平和の少女像》を一緒に制作し、これを韓国と中国、そして全世界に設置しようと言いました。日本の戦争犯罪の蛮行を広く知らせ、再発防止のために協力しようと言いました。

(城北区カロ公園、二〇一五年一〇月二八日)

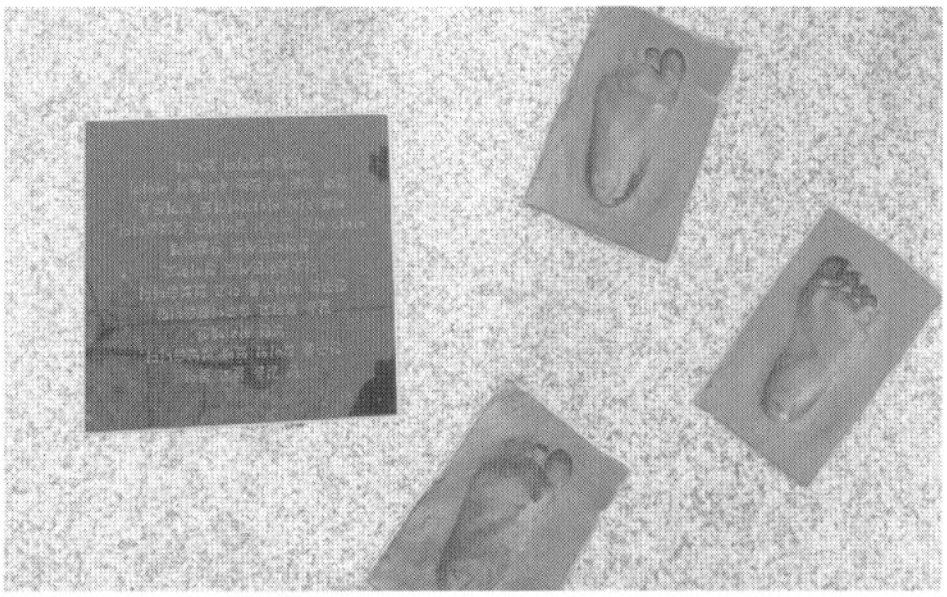

2014年11月、中国のアトリエで会ったレオ作家とパン教授（右）。

瑞山《ソサン》市の《平和の少女像》——女子中学生の除幕式での朗読文

「こんにちは。私は瑞山女性中学三年生のクォン・ジョンウンです。

私が最初に日本軍「慰安婦」を知ったのは、小学校五年生のときです。当時日本の植民地支配時代について学びながら、日本軍「慰安婦」という言葉を最初に聞いて、関心を持ち、「慰安婦」についての『花ハルモニ』〔クォン・ユンドク著、日本語版ころからから刊行〕という絵本を図書館で借りて読むようになりました。この本は、一三歳で「慰安婦」として連れて行かれたシム・タリョンハルモニの証言をもとにつくられた本で、当時多くの少女たちが日本軍によって連行されて、人権蹂躙を受けたという事実と、韓国だけでなく、オランダ、中国、ミャンマー、シンガポールなどいくつもの国の少女たちを連れて移動しながら残酷なことをして少女たちが故国に戻れないまま、他国で寂しく人生を終えることもあったという事実を知りました。

当時、私と同じ年頃に捕まったハルモニの証言を読んで、再びこのようなことが起こったらダメだと考え、自分の

過ちでもないのに一生をすべて失ってしまうことになったハルモニがあまりにもかわいそうだと感じました。ですから私は苦痛の歴史を忘れずに、平和と人権を守ることができることをしたいと考えるようになり、瑞山市で《平和の少女像》を建立するために募金をするという記事を見て参加することにしました。

苦痛の歴史を記憶して目をそ向けたくなる真実を知らせる《平和の少女像》が市民たちが行き交う場所に建立されることによって、歴史を忘れない民族になることを願います。過去におこった歴史問題を認めず、隠そうとする日本政府の「慰安婦」被害者ハルモニたちに対する公式謝罪が一日も早く行なわれることを望みます。

韓国と世界のさまざまな国で建てられている《平和の少女像》をとおし、より多くの人びとが日本の蛮行を実際に知って、苦痛の歴史を記憶し「慰安婦」被害ハルモニの問題に積極的な関心を持ってほしいと願っています。また、たんに《平和の少女像》を建てるだけではなく、きちんと保存し、他国で亡くなった無念の魂が忘れられずに記憶されることを願っています。ありがとうございました。」　（瑞山市庁前の公園、二〇一五年一〇月三〇日）

ソウル貞洞《チョンドン》キルの《平和の少女像》——五三校の高校生が参加

日本軍「慰安婦」ハルモニたちと未来の歴史の主人公である高校生がたがいに手を取りあおうと、大韓民国五三の高等学校、一万七〇〇〇名余りの高校生が一緒に《平和の少女像》を建立しました。二〇一四年の夏休み、梨花女子高校の歴史サークル「拳斧《トッキ》」の学生がセウォル号惨事を記憶するために、光化門《クァンファムン》の座込みを訪問し、続いて水曜デモに参加したのがはじまりでした。

●水曜デモに参加して、《平和の少女像》建立を決心

ハルモニたちの絶叫とそびえ立つ日本大使館の冷たい外壁が与えた衝撃は簡単には消えませんでした。だから「高校生は、この苦痛の歴史のために何ができるか?」と考え、討論しました。その結果、高校生の手で《平和の少女像》をつくろうという、ともすれば無謀な挑戦を考えるようになりました。セウォル号惨事の記憶から始まった高校生たちの《平和の少女像》建立の意志、時代を超えて苦痛をともに記憶しようという意志が芽生えた

瞬間でした。

梨花女子高校の歴史サークル「拳斧」の学生たちは総学生会とともに手をとりあって二〇一四年一一月三日学生の日に高校生の《平和の少女像》建立を初めて宣言しました。学生の力で《平和の少女像》を建立するということが私たちの原則であり、事実唯一頼れる存在も友人たちでした。

たった一〇ウォン（約一円）すらない状況を解決するために、学生サポーターを募集したら、二〇〇余名の友人たちが躊躇なく参加して一〇〇万ウォン余りが集まり、希望を感じました。これを元手にして、私たちはより多くの友人たちが参加できるようバッジを製作しました。

漫画サークルの友人が参加して、直接デザインをしてくれ、長い議論のすえバッジに刻む「Promise」（約束）というフレーズをつくりだしました。たとえ小さなバッジでも、そのなかには、学生たちの考えと声がそっくりそのまま込められています。

私たちは、すでに他の高校生たちと手をつなぐために、ソウルの三五〇余以上の高校の生徒会に手紙を送りま

梨花女子高校の歴史サークル「拳斧」の学生たちは「100の高校に小さな《平和の少女像》100個を建てる運動」を提案した。

2016年5月25日、学生たちは「「慰安婦」問題を記憶し解決するために高校生が力を合わせて、学校に小さな《平和の少女像》を建てよう」という内容の手紙を首都圏900余りの高校に送った。期限は学生の日（11月3日）と決め、費用と場所などの問題を考慮して50万ウォン（約5万円）相当の「30cm × 30cm」規格の小さな《平和の少女像》を各自学校図書館などに建てることにした。学生たちは「全校生中500名が1000ウォンずつ集めれば可能なプロジェクト」と説明した。

拳斧は、首都圏の高校だけでなく、今後、全国の高校に小さな《平和の少女像》を建てる運動を推進する計画である。また、姉妹提携を結んだ日本の学校にも小さな《平和の少女像》を建てる運動を提案する予定である（[インタビュー] 梨花女子高「拳斧」の第2の挑戦『民衆の声』2016年6月6日参照）。

した。そして、一緒に行動するという返事を初めて受けとった瞬間を今でも忘れることができません。一度として顔をあわせることはありませんでしたが、同じ高校生として苦痛の歴史を解決しようという意志を同じくし、一緒に行動することができるということは、それこそ驚くべき経験でした。

●募金に参加した特別養護老人ホームのハラボジ、ハルモニ

《平和の少女像》建立基金の調達が今まさに希望として芽ぶくとき、私たちは《平和の少女像》の制作に悩まなければなりませんでした。日本大使館前にいる《平和の少女像》を制作したキム・ソギョン、キム・ウンソン作家にお目にかかるなんてとても信じられませんでした。事実、《平和の少女像》建立基金ができてまだ間もなく、自信を持って話すことが一つもない状況でした。

それにもかかわらず、作家のお二人は、「建立資金がいくら集まるか心配せずに、より多くの友人たちが一緒にすることができたらいいね」と、直接日本大使館前の《平和の少女像》について詳しく説明してくださいました。以後いつも私たちをあたたかく励ましてくれ進む方向を導いてくれる二人の彫刻家は、私たちにとって学校外での先生でした。こうして手を差しだすと、喜んで手を握ってくれるありがたい方々と会うことができるという経験は、私たちにとって大きな力になりました。

《平和の少女像》建立運動をする過程で、本当にさまざまな出来事がありました。その時期を生きていらしたハラボジ〔おじいさん〕のお一人が噂を聞いて、老人ホームのハラボジ、ハルモニと一緒に貴重な建立基金をだしてくださったこと、恋人と何かいいことをしようとためておいたお金を快くだしてくれた梨花女子高の先輩、学園祭のとき先生たちが食べ物をつくって売って、その売上全額をくださったこと、噂を聞いて友だち同士の口コミで建設基金を集めて渡してくれた学生、たとえ建立運動が終わってもその思いに賛同して連絡をしてくれた東国大学校師範大学附属女子高等学校の生徒たちまで、《平和の少女像》には名もない人びとの善意が息づいています。

● 建立運動をともにした五三の高校

《平和の少女像》が貞洞フランシスコ教育会館前に決まった事情は、紆余曲折の連続でした。高校生たちがつくった《平和の少女像》をどこに設置するかについて長い間議論した結果、最初の近代学校である培材学堂、梨花学堂があったところ、そして市民の身近な空間である貞洞キルがもっとも適していると思いました。ですから時間ができるたびに貞洞キルを行き来し、《平和の少女像》のための場所を探しました。

しかし日本の植民地支配時代の象徴を保管しているソウル市民図書館（旧京城府庁）の前と国税庁別館の建物、市立美術館前、カナダ大使館前、ソウル歴史博物館前など、私たちが適していると思っていた

ところは、さまざまな理由でそのたびに拒絶された記憶がまだ鮮やかに残っています。《平和の少女像》建立運動が失敗に終わるかもしれないという不安を抱えて、最後にお願いしたのが貞洞フランシスコ教育会館でした。小さな兄弟の会のルピノ神父が私たちの話を心から受け止めてくださったとき、私たちは小さな希望を持つようになり、ホ・ミョンファン管区長と小さな兄弟の会が最終的に教育会館前の庭を提供してくださると決意してくださり、高校生たちの《平和の少女像》は世界でもっともあたたかい場所に建つことができるようになりました。

解放七〇周年になる二〇一五年、日本の植民地支配時代に抗し、学生たちが抵抗した光州学生運動を記憶するための学生の日八六周年となる一一月三日、貞洞のフランシスコ教育会館前でついに高校生が主導した《平和の少女像》建立式を行ないました。

素朴であっても、最初から最後まで、私たちの手で行なうという原則を守るために建立式を私たちが準備しました。しゃれた字を書く友だちとキャラクター描画に才能がある友人が一緒にプラカードをつくりました。梨花女子高の風物《プンムル》サークル「ハンメク」の演奏で始まり、宣教重唱団の学生たちが「岩のように」を歌って数日間準備した振り付けで踊りました。建立運動をともにした五三の高校の学生代表者たちとここまで来るのに力を与えてくれた方々がともにした意味深い場でした。

●闘病中にもかかわらず碑文を書いてくださった故シン・ヨンボク先生

学生たちの意見でつくられた《平和の少女像》は、未来に向かってコツコツ歩いて行くために立ち上がった《平和の少女像》として、左手には平和を念願する蝶がとまり、右手は私たちと一緒にやっていこうとやさしく手を差しだしています。

特に、《平和の少女像》の碑文には故シン・ヨンボク先生が闘病中にもかかわらず、学生たちの意味深い挑戦を奨励し喜んで書いてくださった「高校生がともに建てる平和の碑」の筆跡が故人の最後の痕跡として残っています。

歴史と文化が息づく美しい徳寿宮《トクスグン》がある貞洞キルにくれば、高校生たちの夢が込められた《平和の少女像》があります。少し立ち止まって空いた椅子に座ってください。苦痛の歴史の正義ある解決のために手を合わせてください。《平和の少女像》は苦痛の歴史とみんながともに集まって成し遂げた、小さいながらも意味深い歴史の話をしてくれるでしょう。（梨花女子高・歴史サークル「拳斧」）

（ソウル特別市中区貞洞フランシスコ教育会館、二〇一五年一一月三日）

議政府市《ウィジョンブ》の《平和の少女像》——地域の青少年の自尊心になる

現在の平和を達成するためにどれほど多くの人びとの犠牲と涙がこの地を覆ったことでしょうか？　今ではその歳月のなかでうずくまっていた「平和」の芽をださせ、この世界を子どもたちが飛びまわって遊ぶことができる青い野原にしていかなければなりません。（平和の碑の横に刻んだ「青少年平和宣言文」から）

（議政府駅東部広場前の平和公園、二〇一五年一一月七日）

浦項《ポハン》市の《平和の少女像》——ハルモニに名誉と人権を！

港口《ハング》小学校の四年生たちは、社会の授業時間に、社会的少数者の勉強をしながら日本軍「慰安婦」についてひと月余りの間、勉強し、本や動画を見ながら、その方々がどのような人生を送ったのかを学んだそうです。子どもたちは自ら学級会議を開き、《平和の少女像》建設のための募金活動と、港口小学校の学生や親、近所の人びとに日本軍「慰安婦」のハルモニの真相を伝える活動を祭りの期間にしながら募金をしました。

（浦項市環《ファン》湖《ホ》公園、二〇一五年一一月一七日・殉国烈士の日）

天安《チョナン》市の《平和の少女像》――高校生の「希望して募金」署名で始まる

賃貸マンションに住んでいるハルモニたちが《平和の少女像》建立の話を聞いて、涙を浮かべて「子どもの頃、近所で連れて行かれるのを見た……私はその時あまりに幼くて……避けることができなかった……私の代わりに連れて行かれ、苦痛を受けた方々だ。その方々のことを考えると、心が痛む」と募金に参加してくださいました。

(天安市の新富《シンブ》文化公園、二〇一五年一二月一〇日)

全羅南道海南《ヘナン》郡の《平和の少女像》——九六歳で亡くなったコン・ジョンヨプハルモニ

(©イ・ミョンスク)

(©イ・ミョンスク)

コン・ジョンヨプ日本軍「慰安婦」被害者のハルモニが、二〇一五年八月一四日、カナアン療養病院で開かれた称える日を記憶する席で「海南に（《平和の少女像》を）建てられればいい。毎日近くで見ることもできるし記憶もできていい」とおっしゃいました。ハルモニの願いどおり、二〇一五年一二月一二日海南平和の碑（《平和の少女像》）が建てられましたが、コン・ジョンヨプハルモニは二〇一六年五月一七日九六歳で亡くなり、花の喪輿《サンヨ》に乗って（写真右下）天国に旅立たれました。

（全羅南道海南郡海南公園、二〇一五年一二月一二日）

済州《チェジュ》市の《平和の少女像》——椿の花を飾る

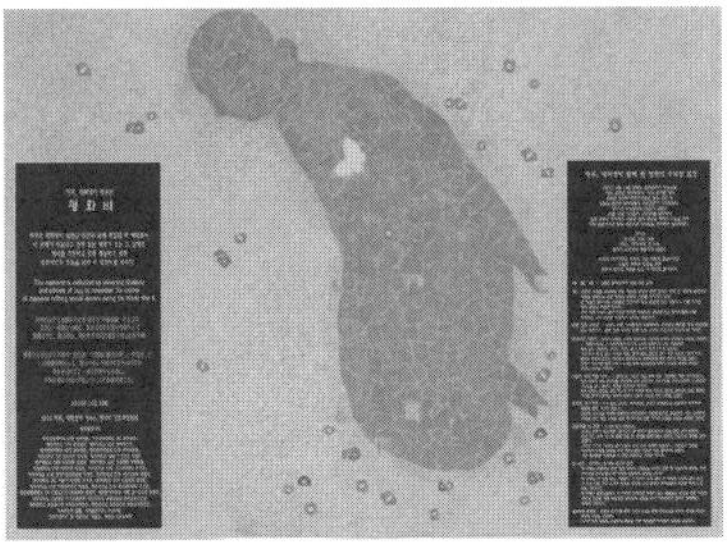

済州に建てた《平和の少女像》は、特別な姿をしています。済州の特色を盛り込んだ《平和の少女像》の髪は風になびき、影は玄武岩でつくり、敷石には冷戦の渦中で倒れていった済州の四・三の霊を慰める椿の花を飾ります。

（済州バンイル里公園、二〇一五年一二月一九日）

牙山《アサン》市の《平和の少女像》――三〇回余の路上募金

平和の少女像推進委員会の参加団体、特に女性団体を中心に年末の寒い天気にもかかわらず、三〇回余の路上募金キャンペーンを行ない、挺対協の尹美香《ユンミヒャン》代表を招いての講演会、募金バザー、オークションイベント、日本軍「慰安婦」被害者たちの事情を盛り込んだ映画『鬼郷』上映、個々の団体や企業などに募金協力要請と懇談会などを開催しました。

（牙山市神井《シンジョン》湖湖水公園、二〇一六年三月九日）

木浦《モッポ》市の《平和の少女像》——儒達《ユダル》山の麓、旧日本領事館跡に

歴史とは絶え間ない新しい解釈と省察の対象であり、不可逆的に廃棄の対象になることができません。記録していない暴力は再発し、記録しない痛みは簡単に忘れられてしまいます。記憶しない歴史は繰り返されます。《平和の少女像》はハルモニたちの形象物であり、記憶の象徴です。

（木浦市旧日本領事館跡、二〇一六年四月八日・木浦独立万歳運動記念日）

軍浦《グンポ》市の《平和の少女像》——ツツジの心で

ツツジを愛する軍浦市の堂井《タンジョン》近隣公園に建てられた《平和の少女像》の周辺には、噴水もあり、ソッテ〔鳥《とり》竿《ざお》。てっぺんに鳥がとまっている形の柱〕もあります。キム・ユンジュ軍浦市長は除幕式で、「多くの人が訪れることを願う心で地下鉄一号線堂井駅前に《平和の少女像》を建てた」と言いました。この日の除幕式には、軍浦警察署長、軍浦市議会議長、国会議員をはじめ、六・二五参戦勇士、女性団体、住民など二〇〇余名が参加しました。出席者全員が再び国を奪われ苦しむ人びとがいない世界を祈願しました。

（地下鉄一号線堂井駅前堂井近隣公園内、二〇一六年八月九日）

金浦《キンポ》市の《平和の少女像》――統一の願いを込めて

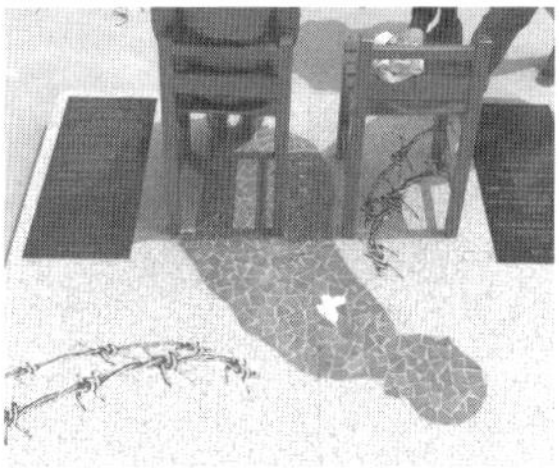

二〇一六年八月一四日金浦漢江《ハンガン》新都市中央公園金色水路の噴水台前で《平和の少女像》除幕式が行なわれました。この日の除幕式では、開催を天に告げ、解冤《ヘウォン》鎮魂《チノン》クッ、バンドＪｏｅと金浦市少年少女合唱団の公演が開かれ、映画『鬼郷』を一緒に鑑賞しました。

非武装地帯（ＤＭＺ）がある金浦《平和の少女像》で切断された鉄条網のイメージを入れたのですが、分断を断ち切ろうとする金浦郡民の統一の念願を表現したものです。

（漢江新都市中央公園金色水路広場、二〇一六年八月一四日）

全羅南道務安《ムアン》群の《平和の少女像》——歴史的人物と並んで

全羅南道《チョルラナムド》務安郡三郷《サムヒャン》邑南岳《ナマク》新都市中央公園に建てられた全南《平和の少女像》は全国で三九番目、全南では、海南と木浦に次いで三番目に建立された《平和の少女像》です。全南地域の一〇〇余の団体が参加し、五月に結成した全羅南道平和の少女像建設運動本部が寄付集めを主導しました。

《平和の少女像》が建てられた南岳中央公園には、全南出身の歴史的人物である王仁《ワンイン》博士、張保皐《ジャンボゴ》、尹善道《ユソンド》、キム・チョンイル、草衣《チョイ》先師、徐載弼《ソジェピル》、羅喆《ナチョル》、イ・ナニョンをはじめ、全南で歴史的に大きな業績を成し遂げた丁若鏞《チョンヤギョル》、正哲《チョンチョル》、李舜臣《イスンシン》、許百錬《ホベンニョン》の胸像が設置されました。

（務安南岳中央公園、二〇一六年八月一四日）

烏山《オサン》市の《平和の少女像》——李容洙、姜日出、朴玉善ハルモニが参加

烏山《平和の少女像》の除幕式には、ナヌムの家に住んでいる李容洙《イヨンス》、姜日出《カンイルチュル》、朴玉善《パクオクソン》ハルモニと五〇〇余名の市民が参加しました。式典で韓神《ハンシン》大学の大太鼓サークルの公演、キム・ジュンイル舞踊家の鎮魂パフォーマンスが披露され、除幕式の後に烏山青少年合唱団の合唱公演がありました。

（烏山市庁、二〇一六年八月一四日）

ソウル銅雀《トンチャク》区の《平和の少女像》——中央大《平和の少女像》サポーターズを主軸に

（©ハン・テユン）

ソウル銅雀区黒石《フクソク》駅三番出口の隣の小さな公園に建てられた銅雀区《平和の少女像》は、歴史を記憶する大学生の集まりである中央大《平和の少女像》サポーターズが主軸になって、市民と一緒に基金を集め制作しました。除幕式で中央大学のキム・ヌリ教授は、《平和の少女像》は「過去の清算がされていない私たち自身の自省を促す意味」も込められていると言いました。

（黒石駅三番出口横小公園、二〇一六年八月一五日）

安山《アンサン》市の《平和の少女像》――『常緑樹』由来の地

セウォル号の苦痛をそっくり抱えている京畿道《キョンギド》安山の市民は、苦しくつらい歴史でも記憶するために、再びその苦痛が繰り返されないことを願う心を集めて《平和の少女像》を建立しました。安山市《平和の少女像》は、常緑樹《サンノクス》駅に建てられました。常緑樹駅は日本の植民地支配時代の農村啓蒙小説である沈薫《シムフン》の『常緑樹』の背景になった意味深い場所であることで、《平和の少女像》の建設場所に選ばれました。

（安山市常緑駅前広場、二〇一六年八月一五日）

ソウル九老区《クロ》の《平和の少女像》——全国津々浦々に建てよう

ソウル九老区《平和の少女像》建設事業は、二〇一五年拙速に行なわれた韓日「慰安婦」交渉に反対する世論を集め推進されました。開かれた社会九老市民の会という市民団体のカカオトークルームで誰かが日本大使館前の《平和の少女像》がなくなったら「九老にも作り、陽川にもつくり、全国津々浦々にもっとたくさんつくって闘えばいいね。私たちも《平和の少女像》を建立したらどうでしょう?」と書き込んだことから始まりました。九老駅広場で開かれた除幕式である青年は、「記憶して行動します。ハルモニたち健康でいて下さい」という手紙文を残しました。

（ソウル九老区九老駅北部広場、二〇一六年八月一五日）

論山《ノンサン》市の《平和の少女像》――「オレの心は負けてない」

（©パク・スジョン）

忠清南道《チュンチョンナムド》論山の《平和の少女像》とともに建てられた碑石には一九二二年論山で生まれた日本軍「慰安婦」宋《ソン》神道《シンド》ハルモニを紹介する文章が刻まれています。二〇〇七年には宋神道ハルモニを主人公にしたドキュメンタリー映画『オレの心は負けてない』が日本で上映されることもありました。黒い碑石には、これと共に朴範信《パクポムシン》作家が書いた「美しき私たちのスンア」という詩が書かれています。（忠清南道論山市民公園、二〇一六年八月一五日）

始興《シフン》市の《平和の少女像》——痛みが平和になるまで

京畿道《キョンギド》始興市玉口《オック》公園に建立された《平和の少女像》の横の碑石には「恐ろしく不安な冬は過ぎたが／妹たちの胸にまだ／残雪は溶けず／その目の涙も乾かずにいる」で始まるキム・ユンファン詩人の詩「痛みが平和になるまで」が刻まれています。

（始興市玉口公園、二〇一六年八月二〇日）

堤川《チェチョン》市の《平和の少女像》——公共造形物として登録

忠清北道《チュンチョンブクド》堤川市は二〇一六年一〇月花山洞《ファサンドン》義兵広場に建立した《平和の少女像》を公共造形物に指定管理することにしました。《平和の少女像》を安全かつ効率的に管理すればいいという建設推進委員会の意思を堤川市が受け入れたのです。《平和の少女像》が市の公共造形物として登録されると、市は責任を持って管理を引き受けることになります。

（花山洞義兵広場、二〇一六年一〇月七日）

尚州《サンジュ》市の《平和の少女像》——神社参拝を強要していた公園に設置

日本軍「慰安婦」被害者である姜日出《カンイルチュル》ハルモニが美術心理治療中に描いた《乗せられる処女たち》の絵をモチーフにして、被害者たちの証言をもとにつくられたという映画『鬼郷』。その映画の主人公姜日出ハルモニの故郷である慶尚北道尚州市の王山《ワンサン》歴史公園に《平和の少女像》が建てられました。

王山歴史公園は、日本帝国が神社を建て参拝を強要していたところですが、ここには乙巳《ウルサ》条約に抵抗して「是日也放聲大哭」を書いた張志淵《ジャンジヨン》像がともに設置されています。

（尚州市王山歴史公園、二〇一六年一〇月二九日）

ソウル江北《カンブク》区の《平和の少女像》——すべての国民は、人間としての尊厳と価値を

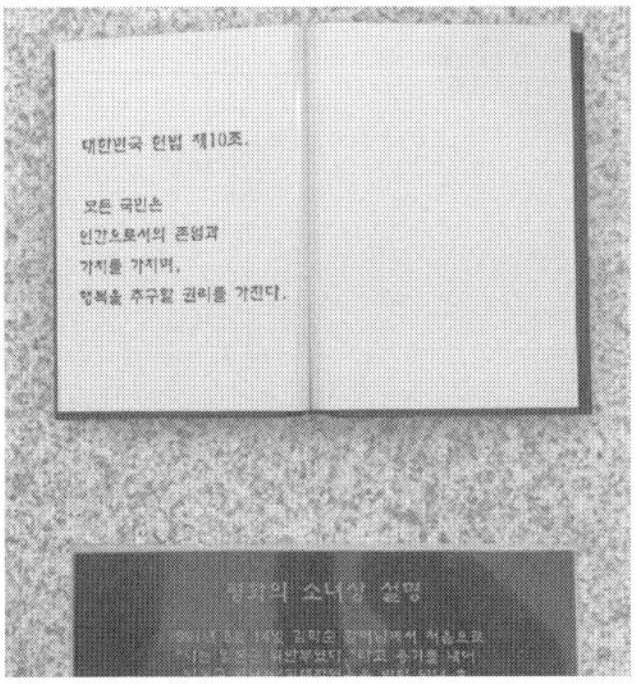

光化門広場でろうそくがめらめらと燃え上がった二〇一六年一二月一〇日、ソウル江北区庁前で《平和の少女像》除幕式が行なわれました。除幕式イベント中に主催側は《平和の少女像》の台座に憲法一〇条を書いたノートをひろげて置きました。

「すべての国民は、人間としての尊厳と価値を有し、幸福を追求する権利を有する。」

（江北区庁前、二〇一六年一二月一〇日）

釜山《プサン》市の《平和の少女像》——日本の大使が抗議出国

二〇一六年一二月二八日、釜山領事館前に釜山市民が《平和の少女像》を設置しました。しかし、何時間もたたないうちに釜山東区《トン》の公務員と警察官が市民を強制的にひきずりだし、《平和の少女像》を撤去してしまいました。釜山市民だけでなく、全国民の怒りを呼び起こしたこの事件は、釜山東区庁長の謝罪とともに再び《平和の少女像》原状復帰となり、一二月三一日三万名余りの市民が集まるなかで除幕式が行なわれました。在韓日本大使長嶺安政大使〔当時〕は、釜山総領事館前の《平和の少女像》設置に反発し、本国に一時帰国しましたが、三カ月で帰任しました。

(釜山総領事館前、二〇一六年一二月三一日)

大邱《テグ》市の《平和の少女像》——少女を包む古木

大邱デパート前の広場前に建てようとしていた《平和の少女像》は大邱中《チュン》区庁と東城路《トンソンノ》商人会の反対により、二・二八記念中央公園に設置されました。そして除幕式は東城路大邱デパート前の広場で行なわれました。《平和の少女像》の台座には、キム・ヨンラク詩人の詩「杏の花の蕾」をナ・スンダン作家の字で刻みました。《平和の少女像》の右側には、募金運動に参加した市民二二〇〇名の名前を刻んだ木の形をした造形物も設置しました。地域の作家がつくった古木のイメージのこの造形物は、影ながら少女を包み込んでくれようとする大邱市民の心を表現したものです。

（大邱二・二八記念中央公園、二〇一七年三月一日）

安養《アニャン》市の《平和の少女像》——時効がない人権問題

安養平和の少女像建設推進委員会クッ・サンピョ常任代表は、二〇一七年三月一日坪村《ピョンチョン》中央公園で開かれた除幕式で、「植民地国家の権力が犯した犯罪である「慰安婦」問題は、時効がない人権問題で、今回の《平和の少女像》建設が民族の意気立て直す契機になるだろう」と言いました。

（坪村中央公園、二〇一七年三月一日）

京畿道楊平《ヤンピョン》郡の《平和の少女像》——「少女が語る涙が語る」

第九八周年三・一節を迎え、モンヤンこと、呂運亨《ヨウニョン》先生の故郷である京畿道楊平の楊平水清き市場公園三・一万歳跡で《平和の少女像》除幕式を行ないました。楊平《平和の少女像》の後ろには「少女が語る　涙が語る」という文字が刻まれています。

一日稼いで暮らす建設現場の日雇い労働者がなんと三日間の日当を《平和の少女像》建立基金として出資したという心温まる話もあります。

（楊平水清き市場公園／3・1万歳跡、二〇一七年三月一日）

平沢《ピョンテク》市の《平和の少女像》――ソッテとともに

平沢市民は青少年に歴史的事実を正しく教育しようという意思で、青少年文化センターに《平和の少女像》を建てました。また、《平和の少女像》の製作費を準備するため、平沢の青年たちは、《平和の少女像》を直接レゴでつくって基金を準備しました。

平沢《平和の少女像》の後ろには老若男女すべてが一つの心で平和を念願する心をあわせ、地域の職人がつくったソッテ〔鳥竿《とりざお》・天辺に鳥が止まっている形の柱〕も建てました。

（平沢市庁青少年文化センター、二〇一七年三月一日）

麗水《ヨス》市の《平和の少女像》——蝶になってとまる

（©チョン・チェヨル）

全《チョル》羅南道《ラナムド》麗水中央洞、李舜臣《イスンシン》広場の近くに建立した《平和の少女像》の後ろには、一三人の麗水の詩人の詩が刻まれた石柱を一緒に建てました。そして麗水平和の少女像建設推進委員会の名前で記念碑に次の文を刻みました。

「長い沈黙の骨で、青い暗闇の痛みで、生きても死に死んでも生き／ここ、引き裂かれた風の指紋となって／血ぬられた帰郷／一五歳のおかっぱの少女　その眼差しを見よ／記憶と忘却、この地の平和と人権のため／ここ、蝶になってとまる」

（麗水中央洞李舜臣広場、二〇一七年三月一日）

金福童、吉元玉——二人のハルモニの像

平和女性人権活動家に捧げる造形物の世界があまりにも常軌を逸した時代。自分たちの苦痛を乗り越え、人生を捧げ、世界の正義を明らかにしてきた美しい生は、暗いこの世界の灯火でした。こうしたハルモニのために何をして差し上げればいいのか、とても悩みました。「尊敬と感謝の気持ちを込めて、何を差し上げるか?」そう考えるうちに、《平和の少女像》の造形物主人公を現在の姿でつくって差し上げたいと思ったのです。この姿には、英雄を象徴するというより愛らしいハルモニたちが私たちと一緒に希望をつくってきた時間を込めました。ハルモニを愛する人びとが尊敬と感謝の気持ちを込めて差し上げる贈りものです。二人の彫刻家の心を込めて。

(戦争と女性の人権博物館、二〇一七年三月二九日)

4.

世界に建てられた《平和の少女像》

――「慰安婦制度（性奴隷）犯罪を世界の人びとに知らせ、教育しなければ」

キム・ソギョン＋キム・ウンソン

日本軍「慰安婦」（性奴隷）制被害者ハルモニたちが日本政府にする七つの要求は、戦争犯罪の認定、真相究明、公式謝罪、法的賠償、戦犯処罰、歴史教科書の記録、追悼碑と史料館建設です。世界に建てられた場所は米国カリフォルニアグレンデール、米国デトロイト、カナダのトロント、オーストラリアシドニー、中国上海、米国ワシントン、ドイツヴィゼントです。

（《平和の少女像》建立リスト（２０２１年４月末現在）は巻末に掲載しています。）

米国・カリフォルニア州グレンデール市の《平和の少女像》——海外初の少女像

グレンデール市という所は、海外旅行の経験がなかった私たちには地名からしてまったく馴染みのない場所でした。グレンデールは、米国カリフォルニア州、ロサンゼルス（LA）の近くの市です。

二〇一一年、韓国の日本大使館前に最初の《平和の少女像》を設置してから、海外のいくつかの地域から問い合わせが来ました。カリフォルニア州韓米フォーラムのLA地域ユン・ソクヨル代表もその頃に連絡をくれ、LAに少女像を設置したいと言いました。そして韓国に直接来て挺対協とナヌムの家を訪問し、ハルモニたちと会いました。私たち夫婦とも会って、グレンデール市の雰囲気と設置場所について話し合いました。後から聞いた話ですが、LAカリフォルニア州韓米フォーラムは、ボランティア活動を基本にさまざまな活動を続けてきた団体だということでした。

●日韓間の問題を超えて人権、倫理の問題

米国では《平和の少女像》制作以前から、「慰安婦」メモリアルはさまざまな所に設置されていましたが、すべてこの団体の活動によって成し遂げられたものです。さ

らに複数の場所に碑を建てる計画がされていたときに韓国で《平和の少女像》が制作されて、記念碑か少女像かのどちらにするか迷うなかで、多くの意見が少女像を建てる方に集まったということだそうです。

《平和の少女像》を設置するために、グレンデール市の市長と市議会議員たちと会い、同意をえました。市は市民を対象に公聴会を開いて意見を集約し、設置が決まりました。ところが、この市民公聴会に、米国在住の日本人たちがたくさん参加し、《平和の少女像》設置反対を表明しました。

米国グレンデール市に《平和の少女像》が設置されたことは非常に重要な意味をもっています。事実、この間、日本は日本軍「慰安婦」問題を韓日間の問題に限定し、少女像を韓日外交問題に閉じ込めておこうとしてきました。日本軍「慰安婦」問題は、日韓の問題を越えて、普遍的な人権の問題、反人道的戦争犯罪の問題です。「慰安婦」（性奴隷）犯罪は反人道的な戦争犯罪です。アウシュビッツの犯罪のように世界のすべての人に知らせ、教育しなければなりません。

●「慰安婦」は嘘だと主張する日本人も

よく知られているとおり一九四五年戦犯国日本の広島と長崎に核爆弾が投下され、数十万人が命を失い、日本は降伏しました。日本政府はこのことを全世界に発信し、自分たちが被害者だというイメージをアピールしてきました。

侵略国である加害国は、ドイツのように戦犯国として扱われて当然です。日本が心からの謝罪をせず、国民に戦争犯罪の教育を正確にしていない背景には、この入れ替わった加害者‐被害者論理があります。戦争犯罪国である日本が加害行為を隠したまま被害事例をアピールして被害国のふりをするのを容認してはならないと思います。もちろん、米国が原爆を投下して数多くの命を奪ったことをよくやったということではありません。生命は誰にとっても大切ですし、これを守って生きていかなければなりません。どうみても米国は日本の罪のない国民に核爆弾を落としたのです。実際どんな理由からか、米国は戦後日本の戦犯を探しだし厳しく処罰することをなおざりにしました。

●グレンデール市会議員の少女像支持発言

LA近くの日本人たちは、組織的にグレンデール市議会の公聴会に参加して反対発言をしました。狭い議会場に多数の日本人が入ってきて発言の申請をしました。市議会議員らは、日本人の意見をすべて聞いた後、反論をしました。

市議会が少女像を誘致した当時の市長フランク・キンテロは、少女像設置に反対する発言に失望を表わしました。彼はフィリピンのバターン死の行進と南京大虐殺など日本軍の他の残虐行為を列挙し、「このような事実は、日本の学校では決して教えていない。日本の帝国軍が第二次世界大戦中にどんなことを犯したのかについて真実を国民に教えないことにした日本政府の選択のために、みながそれらについて知るよしもないのだ。歴史を知らないことは自慢することではない。韓国の田舎に暮らす一四歳の少女は軍人たちのための売春をするために、自ら家を出ない――とんでもないことを言うのはやめてほしい」と言いました。

(©チョン・ヨンジン)

沖縄など日本を訪問したことがあり、日本人に親しみを感じていると強調した彼は、「これはある一つの民族に反対しようというのではなく、明確に日本人に反対しようということでもない。これは日本帝国軍に対する告発であり、日本が彼らの犯したことについて一度も認めたことがないという事実に対する告発」であることを強調しました。

当時、オランダがインドネシアを植民統治していた点を指摘し、キンテロ前市長は「日本帝国軍にサービスを提供するために、キャンプに連れて行かれたオランダの女性が約二〇〇名いた。彼女たちは確かに売春婦ではなかった」と発言しました。

このように公聴会と市議会議の議決過程をへた後、グレンデール公園に《平和の少女像》を建てました。グレンデールに《平和の少女像》を建てることができたのは、米国の市民社会で日本軍性奴隷制度が「人類共通の人権犯罪」という共感《コンセンサス》をえたからです。グレンデールの

《平和の少女像》は、海外で最初に建てられたので、より特別な意味をもっているといえます。

（米国カリフォルニア州グレンデール市中央図書館前の公園、二〇一三年七月三〇日）

米国・デトロイトの《平和の少女像》——日本の妨害で韓人会館前に建立

米国グレンデール市に先立って《平和の少女像》を建てると連絡が来たのは、ミシガン州のデトロイト市でした。もともとはデトロイト市の公園に建てようと市と接触しており、ほぼそのとおりになると思っていました。しかし時間がたつにつれ、日本からの執拗な妨害により難しい局面に直面することになりました。設置場所として公共の場所を複数探していましたが、日本の度重なる妨害で少女像の設置はいつも水泡に帰してしまいました。

結局、韓国人たちの意見を集めて、デトロイト韓人会館前に二〇一四年八月に少女像を設置しました。グレンデールより先に少女像の企画をしていましたが、一年ほど遅れて建立しました。チョ・ヨンファデトロイト韓人会長は除幕式で、「少女像は、日本を狙って設置したものではない。女性の人権と平和のため、次世代の教育のためのもの」と力強く語りました。

（デトロイト韓人会館前の広場、二〇一四年八月一六日）

カナダ・トロントの《平和の少女像》——スコフィールド博士像も建てた都市

最初は京畿道華城《ファソン》市と姉妹都市であるカナダのバーナビー市に《平和の少女像》を設置しようとしていましたが、日本人の執拗な反対で計画が失敗に終わりました。失望をし、落胆していたところに折よくカナダのトロント韓人会会長に選出された方が積極的に少女像建設を推進したのです。

トロント市は、華城市と深い縁がありました。華城堤岩《チェアム》里《ニ》は一九一九年、日本軍が犯したおぞましい良民虐殺事件の胸が痛む歴史で広く知られている所ですが、日帝の蛮行を西側世界に知らしめた方がカナダのトロント出身のスコフィールド（韓国人ソク・ホピル）博士です。このような特別な縁とチェ・インソク華城市長と韓人会の熱意で、カナダのトロントについに《平和の少女像》を設置することになりました。トロントには、スコフィールド博士を称える銅像が建てられています。

（トロント韓国人会館、二〇一五年一一月一八日）

オーストラリア・シドニーの《平和の少女像》——シドニーの空に黄色い風船が舞い上がり

《平和の少女像》の設置のために、日本の反対行動はますます露骨になりました。オーストラリアのシドニーにも、日本の反対者たちからの圧力と妨害が続き、同胞たちは場所を見つけるにも容易ではありませんでした。屋外イベントさえ許可されず、条件付きでようやく認められました。

オーストラリア《平和の少女像》は、シドニー平和の少女像建立推進委員会の主導で城南市《ソンナム》と挺対協の後援を受けて建立されました。紆余曲折の末、シドニー韓国人会館で開かれた除幕式では、吉元玉ハルモニが参加しました。オーストラリアの日本軍「慰安婦」被害者であるオランダ系オーストラリア人ヤン・ラフ・オハーンさん（九三歳）は、体調が悪くて参加できませんでした。

「慰安婦」被害者ハルモニのための献上曲「カシリ（別れていくでしょう）」を使った公演が終わった後、黄色の風船が空に上がり、ついに《平和の少女像》が姿を現わしました。

（オーストラリアシドニーのエシフィールド連合教会、二〇一六年八月六日）

中国・上海の《平和の少女像》——中国初の建立

中国の上海で開催された《平和の少女像》除幕式には、韓国の李容洙「慰安婦」被害者ハルモニ、中国のチョルリエンチュンさんが来ました。中国のおばあさんは、除幕式の間ずっと涙を隠していました。二五年以上水曜集会や運動の経験により健康になられた李容洙ハルモニは、中国のチョルリエンチュンさんを慰めていらっしゃいました。二人のハルモニは言葉は通じませんが、おたがいを深く理解されているようでした。

中国で最初に建立された少女像は華城市平和の少女像建立推進委員会と国際民間団体である第二次世界大戦史保存連合会（GA）が共同で推進し、中国の清華大学パン・ウィチン教授と映画製作者レオが共同制作しました。

（上海師範大学、二〇一六年一〇月二二日）

米国・ワシントンの《平和の少女像》――この地に平和がおとずれることを願って

米国ワシントンDCのナショナルモール内、屋外の公演場ナショナルシルボンシアターで《平和の少女像》の歓迎式を開催しました。この日の歓迎式では、ソウルから一四時間飛行機に乗って飛んできた吉元玉ハルモニの挨拶がありました。

「戦争で犠牲になった私たち女性たちを忘れないでください。

私と一緒にここワシントンに来た少女像が永久に安全に足を地につけていられるよう協力してください。少女像が戦争を知らない未来の世代に平和と人権教育の教科書になるようにしてください。みなさんがそうしてくださることを信じて、私はソウルに戻り、命が尽きるその日まで、平和のために一生懸命生きていきます。」

©ユン・ミヒャン

《平和の少女像》は、ワシントンに恒久的に設置できる場所をまだ見つけることができず、この日臨時の除幕式の形で公開されました。ワシントン少女像建立推進委員会は少女の永久設置場所を見つけるために、ワシントンにある大学、教会などに接触しましたが、どこからも肯定的な回答をえることができませんでした。歓迎式の後、少女像は近所のバージニア州の倉庫に再び移動しました。

(ワシントンD・C・のナショナルモール、二〇一六年一二月一〇日)

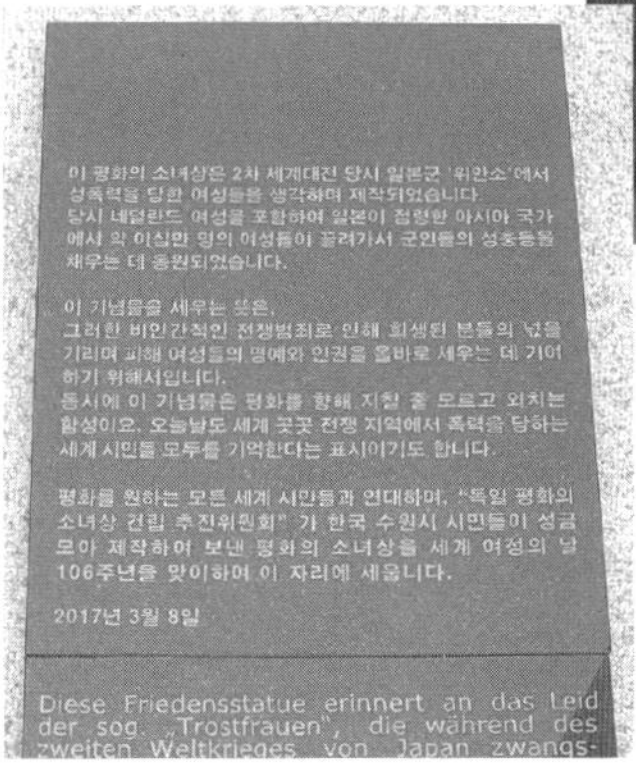

ドイツ・バイエルン州ヴィゼントの《平和の少女像》——ヨーロッパ初の《少女像》

世界女性の日である二〇一七年三月八日、日本の撤去圧力にもかかわらず、ヨーロッパで最初に、ドイツ南部の都市ヴィゼントのネパール-ヒマラヤパビリオン公園に《平和の少女像》が入りました。水原《スウォン》市が二〇一六年にドイツのフライブルク市と《平和の少女像》を設置することで合意しましたが、日本政府の圧力と韓国政府の無視により失敗に終わったことがありました。いまも《平和の少女像》を撤去しようとする日本からの圧力は多角的に進められているそうです。

除幕式には、日本軍「慰安婦」被害者であるアン・ジョムスンハルモニがともにしました。ハルモニの名前を取って、《平和の少女像》は「順よ（スニ）」という愛称ももらいました。どうか「スニ」が遠くドイツで愛されて過ごすことを祈ります。

（ドイツヴィゼント、ネパールヒマラヤパビリオン公園、二〇一七年三月八日）

ドイツ・ベルリン――《平和の少女像》撤去命令の撤回、永久設置へ

ベルリンのミッテ区に建てられた《平和の少女像》。

ギャラリーGEDOKベルリンで開かれた展覧会「Toys are Us」(2019年8月2～25日）会期中、「旅する少女像」と題され、移動する《平和の少女像》。

二〇二〇年九月二五日、《平和の少女像》がドイツの首都ベルリンのミッテ区の公共の敷地にドイツの市民団体、コリア協議会の主幹によって建てられました。ミッテ区は、日本軍「慰安婦」被害者を追悼する《平和の少女像》は国際的な戦争被害女性の人権の問題という点を認めて同年七月に設置を許可しました。

しかし設置後、日本政府がドイツ政府とベルリン州政府に抗議すると、ミッテ区は一〇月七日に撤去命令を出したのです。

撤去命令に憤慨した世界中の多くの人々は連帯して抗議

しました。その結果、同区は撤去を撤回し、《平和の少女像》は二〇二一年九月末まで設置されることとなり、永久設置に向けた議論も始まりました。

コリア協議会の韓静和《ハンジョンファ》代表は「永久設置のための議論の開始は、ベルリンに少女像を永遠に存続させるための大きな一歩です。少女像を契機にこれまで戦犯国家ドイツで隠ぺいされてきた戦争中の女性に対する性暴力についての討論をはじめることができるという点で歴史的に意味がある」と述べました。

また、女性活動家ナダル・シュテッターさんは、「これは韓日間の問題というより、戦争中の女性に対する構造的暴力の問題です。これを国家間の問題とみなすのは女性の尊厳を取り戻す機会を奪うことだ」と語っています。

（ドイツ・ベルリン　二〇二〇年九月）

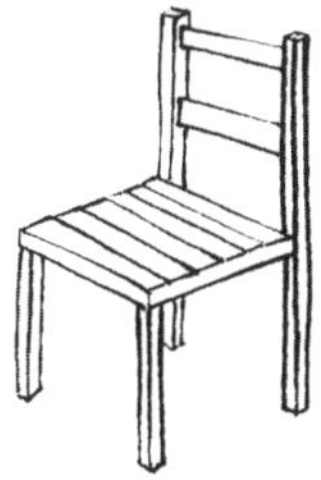

《平和の少女像》＝資料―第Ⅳ部

空いた椅子に刻んだ約束パフォーマンス。手前は金学順さんの像（2017年12月27日）。

空いた椅子に刻んだ約束パフォーマンス――キム・ソギョン+キム・ウンソン

〈二〇一七年一二月二七日正午一二時／場所・ソウル光化門《クァンファムン》広場〉

《平和の少女像》は少女像とともに、台座にはおばあさんになった影と平和碑の碑文、そして少女像の隣には空いた椅子が一つの作品として構成されています。

空いた椅子の意味は次のとおりです。一九九一年八月一四日、金学順《キムハクスン》ハルモニが日本軍「慰安婦」被害者として証言をし、それに続いて自分も日本軍「慰安婦」被害者だと明かした方たちが二三九名いました。その後二〇一一年一二月一四日、《平和の少女像》が制作される時には、すでに多くの方が亡くなり、五六名だけになっていました。空いた椅子は証人であり証拠である多くのおばあさんが亡くなったことを意味します。

また、誰かが埋めなければならない席なのです。空いた椅子に座って、少女と目を合わせたり手をつなぎながら少女の話を聞き共感する場でもあります。

そして二〇年間、女性の人権と平和の大切さのために全力をつくしてきた被害者のおばあさんたちの歴史を記憶し、行動するという約束の席です。私たち作家にとって空いた椅子は、そのようなおばあさんの意思をともにするという約束の席です。

＊

韓国挺身隊問題対策協議会（現・「正義と記憶連帯」）は、毎年最後の水曜日に亡くなったおばあさんたちの合同追悼祭を実施してきました。二〇一七年一二月二七日も合同追悼祭が行なわれました。私たち作家は、この時期に合わせて光化門広場に三〇〇個の椅子を設置するパフォーマンスをすることにしました。

二〇一五年一二月二八日、韓日政府は被害者の意見を無視した韓日合意を一方的に発表し、日本からの拠出金一〇億円を受け取って和解・癒し財団を立ち上げ、日本の戦争犯罪に免罪符を与え、被害者のおばあさんたちには恥辱を与えました。

政権が変わって文在寅《ムン・ジェイン》政府が発足しましたが、まだ朴槿恵《パククネ》政権の間違った合意を廃棄していなかった二〇一七年一二月二七日、私たち作家は、韓日政府への抗議を込めて、光化門広場に空いた椅子に刻んだ約束パフォーマンスをしました。日本軍「慰安婦」問題の解決に向けた二〇一七年最後の水曜集会に参加した人たちも在韓日本大使館前から光化門広場まで行進した後、パフォーマンスに参加しました。

*

一二月二七日午前七時、光化門に到着し、約一〇人で二時間にわたり三〇〇個の椅子を並べ、《平和の少女像》と金学順ハルモニの像を置き、二〇一七年に亡くなったおばあさんの遺影を最前列の椅子の上に置きました。

椅子の展示の脇では、これまで建てられた各地域の《平和の少女像》推進団体の白書やバッチ、写真などを展示し、〝わが校に建てる平和の少女像〟プロジェクトを進めてきた高校生たちの写真と、小さな少女像とともに、世界中を訪れた方々の写真も展示されました。

椅子には「空いた椅子に刻んだ約束」と記されたマフラー三〇〇個がかけられ、市民たちは空いた椅子に一人二人と座りました。やがて三〇〇席をすべて満たしました。

この日の寒さは氷点下一〇度でしたが、空いた椅子を満たしてくれた市民たちは、沈黙し、映画『鬼郷』のOSTをBGMとしたユ・ジンギュさんの渾身のパフォーマンスを見ながら、胸のなかからわきあがってくる熱い涙を流しました。通り過ぎる人たちも足を止め一緒にいてくれました。この日、被害者ハルモニの生存者は三二名でした。

あいちトリエンナーレ2019「表現の不自由展・その後」中止事件・作家声明

二〇一九年八月一日に開幕した日本で最大規模の国際芸術祭あいちトリエンナーレ2019（以下、「あいトリ」と記す）は開幕の三日後、「表現の不自由展・その後」（以下、「不自由展」と記す）を中止にした。理由は匿名の電話攻撃で職員が疲弊し、安全が確保できないというものだった。電話攻撃の対象は、主に《平和の少女像》と天皇を扱った大浦信行の作品であり、河村たかし名古屋市長をはじめとする政治家による歴史否定の発言も同時に発せられた。当時、《平和の少女像》の作者キム・ソギョンとキム・ウンソンも開幕に合わせ来日しており、時々刻々と進む事態を目撃した。二人が発表した三つの声明を掲載する。

〈声明1〉八月一〇日、大村秀章愛知県知事、津田大介芸術監督宛てに声明を出し、後日、閉鎖された不自由展会場前の壁に貼りだした。

〈声明2〉再開後の一〇月一一日、厳重なチェックと制限を強いられていた観客らを見て、このメッセージを展示会場入り口に貼りだした。

〈声明3〉一〇月一三日、二人の希望で展示会場入り口に貼りだしたが、現場のスタッフの許可は得たものの、キュレーション・チームとの確認をとっていないという理由で剥がされた。これを読んだキュレーターの一人は作家に対するリスペクトがなくなったので観客への作家紹介をできないと言い、その後は不自由展実行委員が紹介をすることとなった。

〈声明1〉

芸術作品を隠すことは悲しいことです。

大村秀章愛知県知事と津田大介芸術監督は、「表現の不自由展・その後」の展示中止という選択をしました。

テロの脅迫犯が捕まりました。

いま再び障壁をなくさなければなりません。

＊

八月一日から八月三日まで「表現の不自由展・その後」を見た日本の人びとの姿は、落ち着いていて、繊細でした。

しかし、展示前から作品に影響を与えようとする大村秀章愛知県知事と津田大介芸術監督の意図的な干渉（写真撮影とSNS不許可）は失望そのものでした。

津田さんは誰よりも真っ先に表現の自由の先頭に立たなければなりませんでした。

大村愛知県知事もトリエンナーレ実行委員長として、表現の自由に対する名誉を守らなければならない立場にありましたが、むしろ表現の不自由の国家であることを、津田さんとともに国際的に認めさせた張本人になりました。

あいちトリエンナーレは一〇月一四日まで成功裡に成し遂げられなければなりません。

＊

間違った選択は元に戻さなければなりません。

日本社会が抱えている不都合な真実かもしれませんが、それを芸術作品として昇華させたのが「表現の不自由展・その後」です。日本の市民が直面しなければならない作品であり、本当に語らなければならない作品です。

テロの脅迫に屈服する姿に、正義と真実さえ蔽い隠そうとしているのではないかという疑いを持ちます。

河村たかし名古屋市長と菅義偉官房長官の発言は、日本の憲法にも厳然と存在している、表現の自由を侵害する反憲法的詭弁です。

また、彼らは展示に責任を持つ関係者でもありません。自分が気に入らないからと展示に対して圧力を行使するのは、日本のすべての文化芸術を見下す不道徳な行為です。

日本は西欧に文化的に多くの影響を与え、多くの国外の美術を招待し、理解してきた（抱いてきたという意味で）文化芸術の先進国でした。

こうした力量が蓄積され、トリエンナーレが毎回成功し発展することができたと思います。

「表現の不自由展・その後」をあいちトリエンナーレで電撃的に受け入れたのは、日本の底力を見せる素晴らしい決定でした。

テロと脅迫は、それ自体が不快で、日本社会から退けなければなりません。

「表現の不自由展・その後」を観る権利を日本の市民から奪わないでください。

「表現の不自由展・その後」で展示する権利をアーティストたちから奪わないでください。

展示場から「表現の不自由展・その後」を隔てる壁のなかに埋めこまれたのは、おそらく「表現の不自由展・その後」ではなく、日本の良心です。

壁を取り払えば、日本の良心は再び生き返り、生命が吹き込まれるでしょう。

以上、このステートメントは、八月一八日までに観客に見えるよう、「表現の不自由展・その後」を塞ぐ壁に貼り出すことを求めます。

あいちトリエンナーレ実行委員会
大村秀章会長様
津田大介芸術監督様
二〇一九年八月一〇日

《平和の少女像》作家
キム・ソギョン、キム・ウンソン

〈声明2〉

またお会いできてうれしいです。

「表現の不自由展・その後」を見るために遠くから来ら

れたことも知っています。ほかの展示場とは異なり、展示を見るために抽選や身辺チェックなどがあります。このような不便にもかかわらず展示を見に来てくださって申し訳なく、感謝の気持ちでいっぱいです。日本の市民の皆さんのおかげで再開することができました。ありがとうございます。

二〇一九年一〇月一一日

《平和の少女像》作家
キム・ソギョン、キム・ウンソン

〈声明3〉「表現の不自由展の現在」

「表現の不自由展・その後」を二〇一九あいちトリエンナーレ展に招待をした決定は、日本社会において勇気ある決定だと考える。

「表現の不自由展・その後」の内容は、日本で自由に公論化され議論されなければならない話だが、政治圏を中心に埋もれされた日本社会の不都合な真実である。

＊

政権とメディア、教育が目と耳を塞ぎ、口を封じてしまった良心の欠如に対し、日本の国内外のアーティストが作品として表現しコミュニケーションをしようとするいくつかの動きがあって、そんな作品が展示されていない状況を直視した表現の不自由展実行委員会がこれを一つにまとめ、二〇一五年「表現の不自由展」を開き、多くの共感を呼んだ。

＊

これをあいちトリエンナーレに招待したことは、日本社会がついに民主社会として成長するきっかけになることができたと思った。

しかし、極右政治家と右傾化した日本人たちの「表現の自由」に対する攻撃は、日本社会の暗鬱さを確認することになった。

これらの「テロ脅迫」のレベルが自国民、特に幼稚園児や小学生を対象とした攻撃を準備したことに私たちは驚愕した。

匿名性の「テロ脅迫」などによりわずか三日で、あいちトリエンナーレがアーティストに連絡もなしに一方的に中止させたことは、さまざまな面で、日本社会の暗鬱を示していると考える。

＊

七五日間の展示期間中わずか三日の展示で中断することになり、私たちは長い時間、観客に会うことができなかった。

＊

一方的に展示が中断された前後、私たち「表現の不自由展・その後」の作家たちになんの説明も解明もなく、実行委員とは誠実な協議もなかった。短い文字やメールもなかった。

私たちはステートメントを送り、津田芸術監督と大村会長との面談を求めた。

その後、不自由展実行委員会、市民や作家たちのさまざまな努力が続き、不自由展実行委員会はついに再開を求めて仮処分の申し立てをし、九月末に再開合意で和解した。ところがその後、大村会長より、展示内での写真撮影全面禁止という新たな条件が持ちだされ、不自由展参加作家として、作家の表現の自由の侵害であり、観客の楽しむ自由を奪うことになると強く反対した。多くの不自由展作家と不自由展実行委員会もそれに賛同し、あいちトリエンナーレとのギリギリの協議を続けた。その結果、いくつもの限定条件に応じざるをえないなかで、閉幕一週間前の一〇月八日になってようやく展示が再掲された。

あいちトリエンナーレ側は、検証委員会を前面に立てて動いたが、私たちは、検証委員会はまた別の検閲委員会だと考えている。

その後、検討委員会に改称したが、変わらず彼ら自身の限界を表わし、最終的には政界の手先だった。

展示再開に先立ち、私たち作家は、条件のない即時再開を検証委員会に要求したが、これを拒否されてしまった。私たちはまた、観客の方々が屈辱的な姿で鑑賞させられることがないよう要求したが、受け入れられなかった。

＊

結局、あいちトリエンナーレでの表現の自由は、私たちの展覧会のタイトル通り「表現の不自由展の現在」になってしまったことを確認させてくれたあいちトリエンナーレのパフォーマンスとなった。

＊

トリエンナーレの他の展示とは異なり、観客は抽選とSNS投稿禁止に同意署名をして身分証を提示してようやく入場し、金属探知機で体をチェックされねばならず、展示会場に入場しても写真を撮ってＳＮＳに上げることもできず、時間の制限も受ける。このような展示観覧は民主主義社会では決してありえないだろう。

このような一連の内容の結果は、今後続くあいちトリエンナーレに甚大な影響を与えると思う。

＊

いま、展示が終わろうとしている。

昨日は台風で扉を閉め、「表現の不自由展・その後」を見た観客は四日間六九〇人にしかならなかった。

＊

私たちは、残る二日間、全面再開を望んでいる。

＊

最後に、偽善ではなく、真の「正義の時代」を考えて一緒に表現の自由のために抵抗していただき連帯してくださった多くの作家の方々、一緒に闘ってくれた日本の市民の方々、屈辱を冒して展示を見てくださった観客の方、そして不自由展実行委員会の方々に心から感謝の気持ちを伝える。

＊

あいちトリエンナーレは、すべての参加作家と不自由展実行委員会、スタッフ、そして市民の方々に本当の謝罪をしてほしい。

＊

《私たちの要求》

・あいちトリエンナーレは、すべての参加作家と不自由展実行委員会、スタッフ、そして市民の方々に本当の謝罪をせよ。

・残る二日間、検閲なしで全面再開せよ。

二〇一九年一〇月一三日

《平和の少女像》作家

キム・ソギョン、キム・ウンソン

《平和の少女像》をめぐる主要年表（1988～2021年）

年	月　日	出来事
1988	2・12～21	尹貞玉ら3名が福岡から沖縄まで「慰安婦」の足跡を追う調査。
1990	1・ 4	尹貞玉「挺身隊取材記」が韓国の『ハンギョレ新聞』に4回にわたって掲載。
	7・10	韓国、挺身隊研究会（現・挺身隊研究所）結成。
	11・16	韓国、37女性団体が韓国挺身隊問題対策協議会（以下、「挺対協」とする）を結成。
1991	8・14	金学順が韓国で初めて「慰安婦」被害者として名乗りを上げ、記者会見。
	12・ 6	金学順ら「慰安婦」被害者3人が軍人・軍属らと日本政府の補償を求め提訴。以降、韓国、フィリピン、北朝鮮、中国、台湾、オランダ、在日朝鮮人、インドネシアの被害者の訴訟相次ぐ。日本政府、「慰安婦」調査スタート。
1992	1・ 8	挺対協、ソウルの在韓日本大使館前で、第1回目の水曜デモ。
	1・11	吉見義明中央大教授が軍関与を示す公文書を発見、『朝日新聞』が報道。
	1・13	加藤紘一官房長官、「軍の関与は否定できない」と談話発表。
	8・11～12	第1回アジア連帯会議、韓国で開催（以降、2018年現在、15回開催）。
	10・30	韓国、仏教人権委員会、「慰安婦」被害者の共同生活をする「ナヌムの家」開設。
1993	2・ 1	韓国で証言集『強制連行された軍慰安婦たち』1（挺対協、挺身隊研究会編）を刊行（その後、6まで刊行）。日本では1993年に同書を『証言 強制連行された朝鮮人軍慰安婦たち』（明石書店）として翻訳出版。2020年には4巻が『記憶で書き直す歴史――「慰安婦」サバイバーの語りを聴く』（岩波書店）として翻訳出版。
	6・11	韓国金泳三政権、「日帝下日本軍慰安婦に対する生活安定支援法」制定。8月より被害者に一時金、生活費支給へ
	8・ 4	日本宮沢喜一政権、第2次調査結果発表。河野洋平官房長官談話発表。「慰安婦」の募集、移送、管理などが「本人たちの意志に

		反して行われた」ことを認め「お詫びと反省の気持ち」を表明。
1994	11・2	国際法律家委員会（ICJ）報告書発表。「慰安婦」被害者に個人請求権があると結論。日本政府に行政機関設置、立法措置、仲裁裁判に応ずべきと勧告。
1995	1・18	阪神・淡路大震災後の水曜日、初めて水曜デモが中止される。
	4・22	映画『低い声』（日本版タイトル『ナヌムの家』。ビョン・ヨンジュ監督）発表。
	7・19	「女性のためのアジア平和国民基金」（以下、「国民基金」とする）発足。挺対協など内外43団体が基金発足に反対する声明発表。
	8・15	村山富市内閣総理大臣、「戦後五〇年談話」発表。
1996	1・4	ラディカ・クマラスワミ特別報告官、国連人権委員会に「慰安婦」問題に関する報告書提出、日本政府に国際法違反の法的責任を受け入れるよう勧告（2.6 報告書の内容が公表）。
	4・29	国連人権委員会、クマラスワミ報告全体に「留意する」との支持決議採択。
1998	4・27	「関釜裁判」で山口地裁下関支部が、日本に対し被害者3名に各30万円の賠償金支払いを命じる判決。
	6・6	VAWW-NET Japan（「戦争と女性への暴力」日本ネットワーク）発足（代表・松井やより）。
	8・8	国連差別防止・少数者保護小委員会のマクドゥーガル特別報告書の内容が明らかになる。「慰安婦」問題について、責任者処罰、「慰安婦」被害者への損害賠償などを日本政府に勧告。
	8・14	韓国「ナヌムの家」敷地内に「日本軍慰安婦歴史館」オープン。
2000	12・8～10, 12	VAWW-NET Japanなど、東京で「女性国際戦犯法廷」を開催。のべ約5000名が参加。昭和天皇と9人の軍部・政府指導者を人道に対する罪で有罪と認定し、日本政府には国際法違反により賠償する国家責任があると判断（2001年12月4日、オランダ・ハーグで最終判決）。
2001	3・4	文部科学省、「新しい歴史教科書をつくる会」中学歴史・公民教科書の検定合格。
2002	3・13	水曜デモ500回。
2003		※「慰安婦」裁判、最高裁棄却が続く。
2005	8・1	アクティブ・ミュージアム「女たちの戦争と平和資料館」（wam）開館。
2006		※2006年度中学歴史教科書の本文から、「慰安婦」の記述が消える。

2007	3・31	国民基金終了、解散。
	5・26	慶尚南道河東（ハドン）・平沙里公園に「慰安婦」被害者への追慕と平和の塔」建立。以降、各地に碑が建立される。
	7・30	米国下院、「慰安婦」謝罪決議、本会議で採決。各国で採決相次ぐ。
2008	9・7	沖縄県宮古島に「宮古島に日本軍慰安婦の祈念碑を建てる会」が「アリランの碑」建立。
2010	2・7	日本軍「慰安婦」問題解決全国行動2010結成（のちに、「全国行動」と改称）
2011	3・25	「平和の碑」建立のための募金呼びかけはじまる。ソウルの駐韓日本大使館前の道を「平和路」と呼ぶことを宣言。
	8・11	韓国の憲法裁判所、「慰安婦」問題に対する韓国政府の不作為は違憲とする「決定」。
	12・14	水曜デモ1000回。在韓日本大使館前の「平和路」に初めて平和の碑（平和の少女像）建立。以降各地に建立。
	12・18	日韓首相会談で、野田佳彦首相は李明博大統領に、少女像撤去を要求。
2012	5・5	挺対協、「戦争と女性の人権博物館」開館。
2013	5・13	橋本徹大阪市長（当時）、「慰安婦制度が必要なのは誰だってわかる」「風俗業を活用してほしい」と発言。日本国内外から抗議殺到。
	7・30	米国・カリフォルニア州のグレンデール市立中央図書館前公園に、カリフォルニア韓米フォーラムが少女像を建立。
	8・14	〈8・14日本軍「慰安婦」メモリアル・デー〉運動はじまる。
2014		※朝日新聞「慰安婦」報道の検証記事をきっかけに、保守言論による朝日新聞や「慰安婦」へのバッシングが激化。
2015	8・14	安倍晋三内閣総理大臣、「戦後七〇年談話」。
	8・27	サンフランシスコの姉妹都市・大阪の橋下徹市長（当時）が抗議の書簡を市議会に送付。
	11・18	カナダ・トロント市の韓国人会館前に、華城市平和の少女像推進委員会、トロント市韓人会が少女像を建立。
	12・28	「慰安婦」問題に関する日韓外相「合意」（安倍晋三政権―朴槿恵政権）。少女像撤去・移転示唆。駐韓日本大使館前で少女像を守る学生たちの24時間座り込み行動開始。

2016	1・ 6	釜山で「人間少女像ひとりデモ」開始。少女像設置運動開始。
	1・18	安倍首相、国会で直接の謝罪の言葉を求められ、拒絶。「少女像は移転されると理解している」と答弁。
	1・14	韓国で「韓日日本軍『慰安婦』合意無効と正しい解決のための全国行動」設立し、民間財団「日本軍『慰安婦』正義と記憶財団」設立計画発表（6・9に設立）。
	1・26	日韓「合意」後初めて当事者として李玉善ハルモニと姜日出ハルモニが来日。安倍首相の公式謝罪、補償を求める。院内集会で「〈少女像〉を撤去することは、私たちを殺すことと同じ」（姜ハルモニ）と語った。
	2・ 3	「小さな少女像」プロジェクトはじまる。46時間以内に1億ウォン集まる。
	3・ 7	国連女性差別撤廃委員会の総括所見、日韓「合意」に対し「被害者中心アプローチ」を十分採用していないことを遺憾とし、実施にあたって被害者の「真実・正義・被害回復に対する権利」を補償するよう勧告。
	7・28	韓国朴槿恵政権、日韓「合意」に基づき「和解・癒やし財団」設立を発表。安倍政権は10億円拠出と発表。
	8・ 6	オーストラリアのシドニー・アッシュフィールド教会に、シドニー少女像推進委員会が少女像を建立。北米地域以外で初。
	9・22	米国・サンフランシスコ市議会が全会一致で「慰安婦のメモリアル設置」を可決
	10・21	中国・上海の上海師範大学校に、華城市平和の少女像建立推進委員会、第二次世界大戦の歴史保存会、華城市、上海師範大学が少女像を建立。
	12・30	釜山の日本領事館前の公道に、市民団体などが少女像を設置。
2017	1・ 6	安倍政権、韓国政府に釜山の少女像設置の対抗措置として駐韓大使らの一時帰国など4項目を発表。
	2・ 3	菅義偉官房長官、少女像の呼称を「慰安婦像」に統一する方針を発表。
	3・ 8	ドイツ・バイエルン州レーゲンスブルクのヴィーゼントのネパール・ヒマラヤパビリヨン公園に、ドイツ平和の少女像水原市民建立推進委員会、ドイツ平和の少女像建立に向けたドイツの建設推進委員会が少女像を建立。
	3・27	米、連邦最高裁判所、グレンデール市に設置された「少女像」撤去を在米日本人らの団体（「歴史の真実を求める世界連合会（GAHT）」）

		が訴えた訴訟の上告を受理しないと決定（原告側の敗訴確定）。
	6・30	米ジョージア州アトランタ駐在の篠塚隆総領事、同州ブルックヘブン市立公園で除幕予定の「平和の少女像」について、「憎しみの象徴であり、日本に対する怒りの象徴物」と言及。
	9・22	米サンフランシスコ市の公園の隣接地に韓国・中国・フィリピンの少女像建立。
	9・28	ソウル市鍾路区、ソウル日本大使館前の少女像を区条例に基づき保護の対象とする「公共の造形物」第1号に指定と発表。
	11・21	安倍首相、衆議院本会議で「サンフランシスコ市長に拒否権を行使するよう申し入れ」と答弁。
	11・23	吉村洋文大阪市市長、サンフランシスコ市との姉妹都市解消方針を発表。
	12・8	フィリピン・マニラの遊歩道に、フィリピン国家歴史委員会の承認を得て「慰安婦」にされたフィリピン人女性の像を建立。
	12・27	韓国文在寅政権、日韓「合意」交渉過程と合意内容を検証するタスクフォースによる検討結果発表。
	12・28	フィリピン・ラグナ州のサンペドロ市女性の家に、サンペドロ平和の少女像建立推進委員会が少女像を建立。現在撤去。
	12・30	在比日本大使館は「日本政府の立場と相容れず」「慰安婦彫刻像を設置することは遺憾」と、フィリピン大統領府と外務省に申し入れ。
2018	1・9	韓国文在寅政権は、日本軍「慰安婦」問題に対する新方針を発表。国際人権原則である被害者中心アプローチに合致した措置をとると宣言。
	4・27	フィリピン・マニラの日本軍の「慰安婦」にされた女性たちを記憶するための像、フィリピン政府により撤去。
2019	8・1	「あいちトリエンナーレ2019」の企画展「表現の不自由展・その後」が3日で中止。少女像への抗議電話やメール、河村たかし名古屋市長の撤去を求める発言、菅官房長官の補助金交付差し止めを示唆する発言を背景に、「ガソリン携行缶を持ってお邪魔する」という脅迫文などを理由とした決定であった。
	8・3	ドイツ・ベルリンで、芸術家女性団体GEDOKが「Toys are us」展でFRPの少女像展示（25日まで）。8月14日には「旅する少女像」と題して地下鉄やバスに乗り、ブランデンブルク門広場で開かれた「慰安婦」メモリアルデーの集会に参加した。
2020	9・28	ドイツ・ベルリン市ミッテ区に市民団体「コリア協議会」が区役所の許可を受け少女像を設置。公共の場への設置は初めて。

	9・29	加藤勝信官房長官が記者会見でミッテ区の少女像の撤去を要求。
	10・ 2	茂木敏充外相がドイツ、ハイコ・マース外相にテレビ電話で少女像の撤去を要請。
	10・ 7	ミッテ区庁が少女像を7日以内に撤去するよう指示。以降、ドイツ含め世界中から抗議メール、署名運動、デモなどで撤去反対運動が起こる。
	10・14	東京の首相官邸前で、ベルリンの少女像撤去に反対する抗議行動。124団体、市民1,800人余りの署名を盛り込んだ抗議文を日本政府に渡した。
	11・ 5	ミッテ区議会「撤去命令の撤回」決議案通過。
	12・ 2	ミッテ区議会「平和の少女像保存」決議案通過。
	12・ 4	ミッテ区長、撤回命令を撤回。
2021	1・28	韓国のソウル中央地方法院が日本軍「慰安婦」として被害を受けた原告らの訴えを認め、日本国に原告一人当たり一億ウォン（約950万円）の賠償を命ずる判決を宣言。
	4・16	ドイツ・ドレスデン国立美術館の民族学博物館で、「言語喪失――大きな声の沈黙」展で少女像を設置。中庭にはブロンズの少女像を設置。日本軍「慰安婦」問題がヨーロッパで初めて国立博物館で扱われた。
	6～ 7月	日本の東京・名古屋・大阪などで「表現の不自由展」に少女像が展示される予定。

作成：金富子・岡本有佳。この年表は、本書に関連する〈少女像〉をめぐる事項および主要な日本軍「慰安婦」問題を中心に作成した。岡本有佳・金富子責任編集『増補改訂版〈平和の少女像〉はなぜ座り続けるのか』（世織書房）所収の年表をもとに現在までの事項を加えた。

注意：肩書きはすべて当時。

主要参考文献：「戦争と女性への暴力」リサーチ・アクションセンター編『「慰安婦」バッシングを超えて――「河野談話」と日本の責任』（大月書店）、アクティブ・ミュージアム「女たちの戦争と平和資料館」（wam）編著『日本軍「慰安婦」問題すべての疑問に答えます』（合同出版）、中野敏男・板垣竜太・金昌祿・岡本有佳・金富子著『「慰安婦」問題と未来への責任――日韓「合意」に抗して』（大月書店）、平井美津子著『サンフランシスコの少女像』（日本機関紙出版センター）、日本軍「慰安婦」問題全国行動ホームページ、新聞各紙など。

《平和の少女像》建立リスト（2021年4月末現在）

キム・ソギョン＋キム・ウンソン作成

	建立日	場所	建立主体
●韓国　81基			
1	2011年12月14日	ソウル特別市・日本大使館前平和路	韓国挺身隊問題対策協議会
2	2012年 5月 5日	ソウル特別市麻浦区・戦争と女性の人権博物館	韓国挺身隊問題対策協議会
3	2013年 5月 2日	京畿道高陽市・一山湖水公園	高陽市庁
4	2014年 1月17日	慶尚南道巨済市・巨済文化芸術会館小公園	巨済日本軍慰安婦被害者追悼碑建立推進委員会、日本軍「慰安婦」ハルモニとともに統営・巨済市民の会
5	2014年 4月15日	京畿道城南市・市役所前	城南市役所
6	2014年 5月 3日	京畿道水原市・オリンピック公園	水原平和碑建立推進委員会
7	2014年 8月14日	京畿道華城市・東灘中央公園	華城市庁／平和の少女像建設推進委員会
8	2014年 8月15日	京畿道高陽市・国立女性史展示館	高陽市徳陽区／金学順ハルモニがモデルの像
9	2014年12月24日	ソウル特別市・梨花女子大前 大賢文化公園	大学生が建てる平和碑建立推進委員会
10	2015年 3月 1日	大田広域市・ボラメ近隣公園	大田平和碑建立市民推進委員会
11	2015年 3月 1日	蔚山広域市・蔚山大公園	平和の少女建立のための蔚山市民運動本部
12	2015年 8月 5日	江原道江陵市・鏡浦3・1運動記念公園	江陵市
13	2015年 8月13日	全羅南道全州市・記憶の広場（豊南門広場）	平和の少女像建設市民推進委員会
14	2015年 8月14日	慶尚南道南海郡・スギ公園	南海郡
15	2015年 8月15日	江原道原州市・市庁公園	原州平和の少女像建設汎市民推進委員会
16	2015年 8月15日	京畿道光明市・光明洞窟前	光明市

17	2015年 8月25日	ソウル特別市蘆原区・マドル近隣公園の歴史の道	蘆原区
18	2015年10月 3日	世宗特別自治市・世宗湖水公園　青い石版	世宗平和の少女像建立市民推進委員会
19	2015年10月28日	ソウル特別市城北区・漢城大入口駅6番出口	韓中平和の少女像建設と人間の尊厳のための城北平和運動委員会、城北区民、Global Alliance for Preserving the History of WW II in Asia
20	2015年10月30日	忠清南道瑞山市・市庁横市民公園	瑞山平和の少女像建立市民推進委員会
21	2015年11月 3日	ソウル特別市中区貞洞・フランチェスコ会館前	平和の少女像建立を共に大韓民国高校生
22	2015年11月 3日	忠清北道清州市・清州青少年広場	忠清北道平和の少女像碑市民推進委員会
23	2015年11月 7日	京畿道議政府市・議政府平和公園	議政府平和碑建立委員会
24	2015年11月17日	慶尚北道浦項市・環湖日の出公園	浦項平和の少女像建設市民推進委員会
25	2015年12月10日	忠清南道天安市東南区・新富公園	天安平和の少女像建立推進委員会
26	2015年12月12日	全羅南道海南郡・海南公園	海南平和碑建立推進委員会
27	2015年12月19日	済州特別自治道済州市老衡洞・バンイル里公園	済州大学生が建てる平和碑
28	2016年 3月 8日	忠清南道牙山市・神井湖彫刻公園広場前	平和の少女像牙山　建立推進委員会
29	2016年 4月 8日	全羅南道木浦市・旧木浦日本領事館前	木浦の平和の少女像建設推進委員会
30	2016年 8月 9日	京畿道軍浦市・堂井近隣公園	軍浦女性団体協議会、軍浦平和の少女像建立推進委員会
31	2016年 8月14日	京畿道烏山市・烏山市庁前（出会いの広場）	烏山平和の少女像建立市民推進委員会
32	2016年 8月14日	全羅南道務安郡・全南道庁（務安）前　中央公園	平和の少女像建立運動本部準備委員会と全南道議会
33	2016年 8月14日	京畿道金浦市・漢江新都市中央公園	金浦平和の少女像建立推進委員会
34	2016年 8月15日	忠清南道論山市・論山市民公園内	論山平和の少女像建立市民推進委員会
35	2016年 8月15日	京畿道安山市・常緑樹駅広場	安山平和の少女像建立推進委員会

36	2016年 8月15日	ソウル特別市銅雀区・黒石洞3番出口横	銅雀区平和の少女像建立推進委員会
37	2016年 8月15日	ソウル特別市九老区・九老駅北部広場	日本軍「慰安婦」韓日協定無効と九老平和の少女像建立のための住民の会
38	2016年 8月20日	京畿道始興市・正往洞玉鉤公園	始興平和の少女像建立推進委員会
39	2016年10月7日	忠清北道堤川市・堤川花山洞義兵広場	堤川平和の少女像建立推進委員会
40	2016年10月15日	全羅南道順天市・順天照禮湖水公園	順天平和の少女像建立推進委員会
41	2016年10月29日	慶尚北道尚州市・王山公園	尚州平和の少女像建立市民推進委員会
42	2016年12月10日	ソウル特別市江北区・江北区庁前　松の道	江北区平和の少女像建立推進委員会
43	2016年12月31日	釜山広域市東区・日本総領事館裏門前	未来世代が建てる平和の少女像推進委員会
44	2017年 3月 1日	京畿道楊平郡・水清き市場公園、3.1万歳跡	楊平平和の少女像建立推進委員会
45	2017年 3月 1日	京畿道平沢市・平沢市青少年文化センター前	平沢青年会、平沢平和の少女像建立推進委員会
46	2017年 3月 1日	京畿道安養市・坪村中央公園	安養平和の少女像建立推進委員会
47	2017年 3月 1日	慶尚道大邱広域市・2.28公園	大邱平和の少女像建立全市民推進委員会
48	2017年 3月 1日	全羅南道麗水市・李舜臣広場前　仮称平和公園	麗水平和の少女像建設推進委
49	2017年 4月13日		礼山平和の少女像建立推進委員会
50	2017年 6月10日	ソウル特別市城東区・往十里広場	城東区平和の少女像建立委員会
51	2017年 6月15日	全羅南道潭陽郡・潭陽中央公園	潭陽平和の少女像委員会
52	2017年 8月15日	ソウル特別市道峰区・道峰区民会館横　公園	道峰区平和の少女像建立推進委員会
53	2017年 8月15日	京畿道龍仁市・市庁広場	龍仁平和の少女像建立推進委員会
54	2017年8月15日	全羅北道益山市・益山駅広場	益山平和の少女像建立市民推進委員会
55	2017年8月15日	忠清南道洪城郡・洪州城駐車場	洪城平和の少女像推進委員会

56	2017年8月26日	ソウル特別市龍山区・梨泰院広場	龍山平和の少女像建立推進委員会
57	2017年 9月29日	全羅南道木浦市・木浦マリア会高校	木浦マリア会高校、歴史サークルSOB＃
58	2017年10月13日	忠清北道報恩郡・報恩邑ペットゥル公園	報恩平和の少女像建立推進委員会
59	2017年10月29日	京畿道九里市・九里駅広場	九里市平和の少女像建立推進委員会
60	2017年11月 4日	全羅北道鎮安郡・鎮安青少年修練館	鎮安郡平和の少女像建立推進委員会
61	2017年12月 9日	江原道春川市・義菴公園	春川平和の少女像建立推進委員会
62	2017年12月10日	江原道束草市・束草青草湖遊園地エキスポ公園	束草平和の少女像建立市民推進委員会
63	2017年12月10日	慶尚北道永川市・永川市立図書館前庭	永川平和の少女像建立市民推進委員会
64	2017年12月10日	全羅北道高敞郡・高敞文化の殿堂	高敞平和の少女像建立郡民推進委員会
65	2017年12月28日	全羅北道淳昌郡・イルプム公園	淳昌平和の少女像建立郡民推進委員会
66	2018年 3月 3日	京畿道東豆川市・東豆川市民平和公園	東豆川平和の少女像建立推進委員会
67	2018年 3月 3日	京畿道安城市・奈兮忽広場	安城平和の少女像建立推進委員会
68	2018年 8月14日	全羅南道長興郡・丁南鎭図書館知恵の森	長興平和の少女像建立推進委員会
69	2018年 8月14日	全羅南道長城郡・長城駅広場	長城平和の少女像建立推進委員会
70	2019年 3月 1日	忠清北道忠州市・クァナコル	忠州平和の少女像建立推進委員会
71	2019年 4月 1日	江原道横城郡・万歳公園	横城平和の少女像建立推進委員会
72	2019年 4月27日	京畿道坡州市・臨津閣	統一へ向かう平和の少女像を建てる坡州市民推進委員会、平和碑京畿連帯
73	2019年 5月23日	忠清北道陰城郡・陰城公園	陰城平和の少女像建設推進委員会
74	2019年 8月14日	京畿道河南市・国際姉妹都市公園	河南平和の少女像建立推進委員会
75	2019年 9月10日	京畿道 議政府市・信韓大学校	信韓大学校平和の少女像建立推進委員会
76	2019年11月11日	ソウル特別市江西区・麻谷遊水生態公園	江西平和の少女像建立推進委員会

77	2019年11月27日	ソウル特別市東大門区・龍頭公園	東大門区女性団体連合会
78	2019年12月10日	江原道東海市・東海文化芸術会館前	東海平和の少女像建設の市民推進委員会
79	2020年 8月14日	京畿道安山市檀園区安山市庁	安山平和の少女像建立推進委員会
80	2020年 8月14日	慶尚南道山清郡山清青少年修練館	山清平和の少女像建立委員会
81	2020年 8月14日	全羅北道完州郡参禮本の村前	完州平和の少女像建立郡民推進委員会

● 世界　16基

1	2013年 7月30日	米国・カリフォルニア州グレンデール／市立中央図書館前公園	カリフォルニア韓米フォーラム
2	2014年 8月16日	米国・ミシガン州サウスフィールド／韓人文化会館前の広場	ミシガン州慰安婦少女像建立委員会
3	2015年11月18日	カナダ・トロント／市韓国人会館前	華城市平和の少女像推進委員会、トロント市韓人会
4	2016年 8月 6日	オーストラリア・シドニー／アッシュフィールド教会内	シドニー少女像推進委員会
5	2016年10月21日	中国・上海／上海師範大学校	華城市平和の少女像建立推進委員会、第二次世界大戦の歴史保存会、華城市、上海師範大学
6	2017年 3月 8日	ドイツ・バイエルン州レーゲンスブルク／ヴィーゼントのネパールヒマラヤパビリヨン公園	ドイツ平和の少女像水原市民建立推進委員会、ドイツ平和の少女像建立に向けたドイツの建設推進委員会
7	2017年 6月30日	米国・ジョージア州／ブルックヘブン市立公園	アトランタ少女像建立委員会
8	2017年10月13日	米国・ニューヨーク州マンハッタン／韓国人会館6階の韓国人移民史博物館	ニューヨーク平和の少女像建立推進委員会
9	2018年12月28日	フィリピン・ラグナ州／サンペドロ市女性の家	サンペドロ平和の少女像建立推進委員会（現在撤去）
10	2019年10月27日	米国・ワシントンD.C.近隣バージニア州のコリアンタウン	ワシントン平和の少女像建立推進委員会

11	2019年11月13日	オーストラリア・メルボルン・韓国人会館	華城市平和の少女像建立推進委員会とメルボルン平和の少女像建立推進委員会
12	2019年12月11日	米国・コネチカット州／コネチカット韓国人会館（イェール大学近く	イェール大学学生人権団体STANDとコネチカット韓人会
13	2019年12月11日	米国・テキサス州ヒューストン／麦ギャラリーピースガーデン	ヒューストン平和の少女像建立推進委員会
14	2020年 3月 8日	ドイツ・フランクフルト／ラインマイン韓人教会	ラインマイン韓人教会
15	2020年 9月28日	ドイツ・ベルリン市ミッテ区／バルケンストリートとブレーマストリートの交差点	コリア協議会
16	2021年 4月16日	ドイツ・ザクセン州／ドレスデン国立美術館の民族学博物館	コリア協議会

「《平和の少女像》の12の特徴」の概要（第I部6章参照）

12 Features of the *Statue of Peace*

1. Young Girl

While the victims were of many different ages, the statue was given the shape of a young girl in order to symbolize that many of the Korean Comfort Women in particular were underage girls.

2. *Hanbok*, the Traditional Korean Dress

While surviving a terrible period of time in a faraway strange land, the young girls may have sung the famous Korean song *Arirang* with hopes of returning to their homes in Korea. And they likely endured the fear and the deathly painful periods through consoling themselves by thinking of home in this way. The *hanbok* dress represents the creators' desire to provide the young girl with this *Arirang*.

3. Hair

The cropped uneven hairstyle represents the fact that the young girls were pitilessly severed from their families and hometowns, which they longed for.

4. Bird

It was felt that something was necessary to connect the young girls who had returned to heaven and the young girls still on Earth, so a bird was placed on the girl' s shoulder. Birds are a symbol of freedom, liberation and peace, and they also symbolize a spiritual medium between this world and the next.

5. Heel

The heels are unattached to the ground, which represents the unstable lives of the victims, *Halmeoni (Korean nickname to grandmother or elderly female),* who had no place to call their own and relax. The numerous wounds on her heels represent her troubled and dangerous path. After the liberation from the colonial domination by the Empire of Japan (after defeat of Japan in WWII), the victims arduously made their way home, but they still faced the irresponsible reactions of the South Korean government who ignored them as well as even prejudice within South Korean society.

6. Shadow of a *Halmeoni* (Grandmother)

The shadow of the young girl is in the shape of *Halmeoni*, an old woman, which represents the present state of the victims, *Halmeoni*. Fragments of suppressed pain built up over a prolonged period have formed her shadow over time into the shape of *Halmeoni*. The shadow was included due to the creators' desire to represent the time of sorrow, regret, resentment and grief (a feeling encompassed by the unique Korean word "Han") experienced by the victims over the course of many long years during which they never received an apology or compensation from those who had wronged them.

7. Butterfly

A white butterfly is resting on the chest of the shadow of *Halmeoni*. Many of *Halmeoni* have passed away one-by-one without ever being able to resolve their feelings of *Han*. The white butterfly was engraved as a symbol of 'reincarnation' to soothe these victims and in the hope that they will be reborn in a better place.

8. Empty Chair

The souls of *Halmeoni* who have passed on can sit in this chair and connect with us emotionally. At the same time, the chair is also open to anyone at any time. *The creators hope anyone with sitting in the chair contemplate* what the girls must have felt like at the time and open their heart to the present-day

cries of the victims, *Halmeoni*. The chair also serves as a promise to children that we will create a peaceful future.

9. Fists

When first conceptualizing the statue, the hands had been placed one on top of the other, but once the creators learned of the reactions of the Japanese government in opposing the installation of the *Statue of Peace*, they felt the need to express their strong resolution to bring about a peaceful world. This is represented by the tightly clenched fists.

10. Face

This was the most difficult and time-consuming part of the creation process because it was necessary to instill the facial expression with the stories of countless young girls, to incorporate the feeling of such a long period of time, and at the same time, to also express the resolution felt right here and right now. The face needed to be of one who has suffered deep wounds but who has transcended her anger and is unafraid and resolute.

11. Inscription

The inscription, written by Gil Won-ok, a surviving victim of being force to serve as a 'Comfort Woman' by the Japanese army, features only the three Korean characters "*Pyeong-Hwa-Bi*," which translates as 'Peace Monument.'

12. The Japanese Embassy and the *Statue of Peace*

The most important aspect of the *Statue of Peace* is its location in front of the Japanese Embassy in Seoul. However, the statue does not depict lamenting and wailing at Japan, nor does it depict an attack. The girl is simply stoically seated and doing nothing more than facing Japan as it is.

(From comments made by the creators. Summary and translation by Okamoto Yuka)

解説

《平和の少女像》の設置と国際法

明治学院大学国際学部教授　阿部浩己

ウィーン条約違反なのか？

在韓日本大使館と在釜山《プサン》日本総領事館前の《平和の少女像》設置について、日本政府は、外交関係に関するウィーン条約二二条および領事関係に関するウィーン条約三一条に定める公館の不可侵との関連で問題があるとの見解を公にしている。《平和の少女像》の設置により公館の安寧が妨害されまたは威厳が侵害されるという主張である。二〇一六年末にも、日本の外務省事務次官が駐日韓国大使に、釜山での《平和の少女像》設置を受けて「領事関係のウィーン条約に規定する領事機関の安寧を妨害し、威厳を侵害するものだ」と抗議した旨が伝えられている。

もっとも、何をもって公館の安寧・威厳の侵害というのかについては一義的に定まっているわけではない。各国の判例等を見るに、たとえば、米国連邦最高裁は「大使館の通常の業務が妨げられているか、または妨げられようとしているかによって、禁止される妨害の程度を決定する」と判じている(1)。また、オーストラリア連邦裁は、公館前での派遣国国旗の焼却、指導者の模擬処刑、不快な物質の投棄といった攻撃的で侮辱的な行動が公館の威厳を侵害し得ると指摘しつつ、安寧・威厳という概念が明確な定義にはなじまないという認識を示す(2)。この事件では、一人の裁判官が、自由権規約による保障が公館前での行動に及んでいることに着目した評価を行なっていることが特記される。

英国の一九八四年の裁判例(3)では、罵倒もしくは侮辱的行動または実際の暴力行為が生じた場合にかぎって公館の安寧・威厳が損なわれるとの判断が示されている。同国外交問題委員会も、「外交特権及び免除の濫用に関する報告書」において、それ以上の公館の保護は英国民の政治的自由を損なうことになるとの見解を示す。同委員会によれば、公館の安寧の保護は、「接受国の世論の表出から使節団を隔離することを求めるほど広範なものと解釈することはできない」という。英国政府も、「使節団の任務遂行が妨げられず、使節団の職員が公館・職員への損傷の怖れを抱かず、職員と訪問者が公館に自由に出入りできること」が基本的な判断要件になるという認識である(4)。

各国の実務が示唆しているのは、公館の安寧・威厳にかかる問題は、使節団／領事機関の任務遂行が妨害されているか、公館に向けられた行動が攻撃的で侮蔑的なものか、さらに、表現・集会等の自由が適切に保障されているか、といった事柄を十分に考慮に入れて判断すべきということである。韓国憲法裁判所も、二〇〇〇年および二〇〇三年に示した判断で、使節団の任務と表現の自由とを比較考量する枠組みを提示している(5)。

《平和の少女像》の設置を外交・領事関係条約に照らして判断するにあたり、国際法の観点から特に重要なのは、現在の国際法体系全体に照らした視点を導入することである。国際司法裁判所が判ずるように、「国際文書は、解釈の時点において支配的な法体系全体の枠内で解釈適用されなければならない」(6)。このゆえに、両条約は、韓日双方を拘束している国際人権諸条約に抵触しないよう解釈適用される必要がある。

また、ウィーラマントリー(元)国際司法裁判所裁判官の次の指摘もあわせて想起しておくべきだろう。「人権に影響を与える条約は、その適用の時点において人権を否認するようには適用できない。裁判所は、適用時の基準により人権侵害になる行為を、[たとえ]当該行為が人権侵害にあたらなかった時期に遡る条約に基づいているという理由によっても、是認することはできない」(7)。この指摘は外交・領事関係条約の適用にあたっても当然に妥当する。

記念碑設置の意味

米国カリフォルニア州グレンデール市の市立公園内での《平和の少女像》設置の合憲性を認めた裁判において、第九巡回区控訴裁判所は、被害者の「記憶」を保存し、同様の人権侵害が繰り返されない希望を表明する記念碑の設置は、市民に対してその価値を伝える地方自治体の伝統的な役目であると明言している(8)。これは米国内の法認識を表したものではあるが、国際人権法の観点からも、記念碑の設置は人権侵害の被害回復措置の一つとして位置づけられており、また、過去に向き合い、過去について知る市民の権利を実現することとも密接に関わっている。公館の安寧・威厳の侵害を判断するにあたっては、記念碑のもつこうした法的意義についても精確に認識しておく必要がある。

二一世紀の国際法に照らして

《平和の少女像》をめぐる問題は国家間外交の枠内でのみ捉えられるべきものではない。日韓請求権協定が締結された時点で優勢であった伝統的な国際法の枠組みにおいて仮にそれが可能だったとしても、二一世紀の国際法にあっては、国家の利益ではなく人間の尊厳を最重視する要請が確固たる地歩を占めるようになっている。不可視の存在（法の他者）として法の利益を享受し得なかった人間たちに向けて、国際法はその射程を急速に伸長しつつある。人権諸条約機関からの度重なる「慰安婦」問題にかかる勧告はその証左にほかならない。

そうした一連の勧告が伝えるように、《平和の少女像》には、重層的な人権侵害の確認とともに、歴史的真実を知り被害回復に向けた措置をとるよう求める声が象徴的に込められている。暴力と差別のない平和な秩序構築への願いであり、それは現代の国際法が追求する理念そのものでもある。こうしたメッセージが込められた記念碑的造形物の設置を自治体や国が支援することは国際法によって禁じられているどころか、むしろその規範的要請にそったものとすらいえる。

他方で、《平和の少女像》の設置によって大使館・総領事館の任務の遂行が妨げられているわけではなく、公館が損傷したり使節団の職員に危険が及ぶわけでもない。公館への出入りに支障が生じていることもない。なにより、この記念碑の発するメッセージは攻撃的で侮蔑的なものとはおよそ対極に位置するものである。

　こうした諸事情を総合的に勘案するに、《平和の少女像》の設置は日本政府が断じるように公館の安寧・威厳を侵害しているとはどうにも評しがたい。にもかかわらずその撤去を求めるのでは、国際人権諸条約の要請（表現の自由や被害回復の促進など）に背馳する事態を招き、「解釈の時点において支配的な法体系全体の枠内で解釈適用されなければならない」外交・領事関係条約の存在意義をかえって貶めることにもなりかねない。公館の安寧・威厳を侵害していない造形物の撤去を両条約に基づかせることは、端的にいって、いかにも牽強付会な物言いというしかない。

　それにしても、性奴隷制という言葉への反発といい、《平和の少女像》への強硬な向き合い方といい、日本政府には、古色蒼然たる国際法観を脱し、人間の尊厳に根ざす今日の国際法の姿を成熟した態度でしっかりと見つめ直してもらいたいとの思いにかられるばかりである。

●註

1 *Boots et. al. v. Barry*, 485 US 312（1988）.
2 *Minister for Foreign Affairs and Trade and Others v. Magno and Others*,（1992-3）112 ALR 529.
3 R v. Roques, unreported cited in Eileen Denza, *Diplomatic Law: Commentary on the Vienna Convention on Diplomatic Relations*（4th ed.,Oxford University Press, 2014）, p.144.
4 *Ibid.*.
5 〈http://www.law.go.kr/detcInfoP.do?mode=l&detcSeq=58285〉〈http://www.law.go.kr/detcInfoP.do?mode=l&detcSeq =14492〉.
6 *Advisory Opinion*, ICJ Reports 1971, p.16, para.53.
7 *Gabcikovo-Nagymaros Project, Judgment*, ICJ Reports 1997, p.114.
8 *Gingery v. City of Glendale*, No. 14-56440 D.C. No. 2:14-cv-01291-PA-AJW, pp.14-15.

（『ｗａｍだより』三六、女たちの戦争と平和資料館発行、二〇一七年より再録）

訳者あとがき

「少女像を撤去することは私たちを殺すことです」
（二〇一六年一月、日韓「合意」後初めて来日した姜日出ハルモニの言葉）

本書『空いた椅子に刻んだ約束――《平和の少女像》作家ノート』は、ソウルの日本大使館前にある《平和の少女像》（正式名称「平和の碑」）の作者である彫刻家キム・ソギョンとキム・ウンソンが《平和の少女像》の制作過程を振り返りながら作家の思いと作品の細部に込められたさまざまな象徴について記した本である。美術評論家らによる評論と、キム夫妻が制作した韓国および世界各地の《平和の少女像》を写真とともに紹介する。二〇一六年に韓国で出版され、版を重ねている。

このたび、日本語での翻訳出版にあたり、韓国での刊行以降に建立された《平和の少女像》も含めた最新リストや関連年表を追加し、あいちトリエンナーレ2019（以下、「あいとり」とする）の「表現の不自由展・その後」中止に対するステートメントや日本政府による妨害によって一時は撤去命令の出たドイツ・ベルリンの少女像、また本書のタイトルにもなっている「空いた椅子」を使ったパフォーマンスなども追加した。最後に、日本政府が「ウィーン条約違反」を理由に《平和の少女像》の移転・撤去を求めていることに対し、国際法学者の阿部浩己さんによる「《平和の少女像》の設置と国際法」を解説として付した。

少女像は残念なことに日本では「反日」の象徴として「慰安婦像」と呼び（二〇一七年二月三日、菅義偉官房長官（当時）は少女像の呼称を「慰安婦像」に統一する方針を示した）、日本政府による少女像の設置や展示に対する妨害は続いており、攻撃のターゲットにした言説が後を絶たない。これは歴史修正主義や排外主義、女性差別・女性嫌悪を背景にしており、一昨年二〇一九年に起きたあいトリにおいて、《平和の少女像》を含む「表現の不自由展・その後」への攻撃もこの延長線上にある。さらに、《平和の少女像》は芸術作品として論じられる機会も奪われてきた。こうしたなかで、本書が日本で翻訳刊行されることは重要な意味をもつだろう。

●——日本における《平和の少女像》をめぐる状況

韓国での刊行から五年経っているので、その間の《平和の少女像》をめぐる状況を簡単に整理しておきたい。また、日本で誤解されている点についても補足しておく。

《平和の少女像》は、二〇一一年一二月一四日、日本軍「慰安婦」被害者たちの人権と名誉を回復するために始まった水曜集会一〇〇〇回の記念としてソウルの駐韓日本大使館前に建てられた。これは韓国挺身隊問題対策協議会（現・日本軍性奴隷制問題解決のための正義記憶連帯、以下、「挺対協」とする）が呼びかけ、数多くの市民たちの募金で実現した。水曜集会一〇〇〇回記念のことを知ったキム夫妻は、アーティストとしてできることはないかと挺対協の事務所を訪れる。そして作家たちの想像力と創造力によって、当初はプレートの碑だったイメージが〈少女像〉の姿となっていった。少女の影が老女の姿となっていることで女性の長い苦痛の時間を表現し、さらにその隣に「空いた椅子」が設置されたことで観る者との応答を促す芸術作品となった。

以降、韓国では各地で市民たちが主体となって自発的に制作資金を集め、《平和の少女像》が建てられていく。日本では「挺対協が建立している」とする報道も散見するがそれは誤報である。とりわけ少女像の設置が増加したきっかけは、二〇一五年一二月二八日に日韓両外相が共同記者発表した「慰安婦」問題に関する「合意」である。日本軍「慰安婦」被害当事者を置き去りにしたまま、外交問題として決着をつけようとし、「合意」は真相究明も再発防止のための歴史教育なども含まれていない。それどころか、加害国・日本の安倍晋三政権（当時）は《平和の少女像》の移転・撤去を求め、朴槿恵《パククネ》政権は撤去・移転まで示唆した。これに対し韓国の大学生たちは「合意」の無効を訴え、少女像を守るためテントを張って座り込みを開始した。これに高校生たちも呼応して、一〇〇の高校に〈小さな少女像〉を建てる運動を始めた。こうして若い世代も動かし、爆発的な拡大をみせ、韓国だけでなく政治と文化が呼応するインターナショナルな「記憶闘争」として深化していく。

いわゆる日韓「合意」から一年を迎えた二〇一七年一二月二八日、韓国・釜山の日本総領事館前に《平和の少女像》が設置され、釜山市東区により強制撤去されるも、抗議が殺到し三〇日に再設置された。これに対し、二〇一八年一月六日、安倍政権（当時）は駐韓日本大使の一時帰国、日韓通貨スワップ協議の中断など四項目など、「慰安婦」問題解決に逆行する強力な外交措置を発表した。

その後も各地で少女像はさらに増え続け、二〇二一年四月末現在、キム夫妻制作の《平和の少女像》だけでも韓国八一体、世界各地一六体となっている。筆者も何カ所も取材をしたが、実にさまざまな人々がさまざまな思いで関わっていることがわかる。さらにはキム夫妻以外のさまざまなアーティストが制作した像やメモリアルも増えている。

●――作家との出会い

筆者が二人に初めて会ったのは、二〇一三年八月、ソウル市立美術館慶熙宮文館で開かれた日本軍「慰安婦」をテーマにした大規模な展覧会「第4回わたしたちの時代のリアリズム展――日本軍『慰安婦』と朝鮮の少女たち」の会場だった。二人は美術大学在学中、民主化闘争に参加し、それ以降、民主化運動と呼応して誕生した「民衆美術」を受け継ぎ彫刻家として社会が直面する問題に対し何ができるかを追究し実践してきた。「民衆美術の作品に対して、政治的社会的だと言って批判的にみる人もいます。しかし、政治的社会的なものを除いてなんの表現活動ができるのかと私は反論したい」とキム・ウンソンは語る。二人の作品群は本書で紹介されているが、米軍装甲車にひかれ死亡した中学生を追悼する作品《少女の夢と二人、ヒョスン、ミソン》や朝鮮半島の統一を願う作品などがある。

二度目に会ったのは、二〇一五年一月、「表現の不自由展〜消されたものたち」に招待した時だった。本展は写真家・安世鴻《アンセホン》が起こしたニコンサロン「慰安婦」写真展中止事件裁判を支援していた筆者らが中心となって企画・開催したものである。そもそもの出発点となったニコン事件が起きたのは二〇一二年六月、その二カ月後、東京都美術館で開催されていた「第18回ＪＡＡＬＡ国際交流展」で〈少女像〉（ブロンズ像を縮小したミニュチュア）などが会期四日目に作家に知らせぬまま美術館側によって撤去された。理由は、同館の運営要綱の「特定の政党・宗教を支持し、又はこれに反対する等、政治・宗教活動をするもの」に抵触するというものだった。主催団体側は抗議したものの、結果的に撤去されてしまう（その後、撤去された二作品は、同年一〇月、原爆の図丸木美術館「今日の反核反戦展２０１２」で特別展示された）。

この二組の作家の作品から出発し、日本で検閲とそれに基づく修正、封殺（展示撤去、掲載拒否、放映禁止）、さらに自粛などにより、表現の正当な機会を奪われたもの、タブーとされたものを集めて展示したのが「表現の不自由展」だった。

当時日本では《平和の少女像》を誰がどのような思いで作ったのかはほとんど知られていなかった。そこで筆者らはキム夫妻の講演会を二回開き、多くの参加者を集めた。おもに制作を担当したキム・ソギョンは《平和の少女像》の細部に宿る象徴について語った。それらは最初から意図されたものではなく、「もし私だったら」「私の娘だったら」と想像しながら土をこねる創作過程で生まれたという。その制作過程は本書に詳しい。本展は大きな注目を集め、二週間で二七〇〇名もの観客を集めた。三二七通の会場アンケートのうち、《少女像》にふれたものは多く、とくに二〇代の人からの感想が目立ったのは特筆すべきだろう。

キム夫妻は韓国に戻る前、少女像の裏側に「日本に置いていく」とサインして、少女像を筆者らに託していった。以来、常設展示できる場所を探したが、スペースや警備の問題から適切な場所が見つからないまま、ゲリラ展示をしながら現在も大切に保管している。きむきがん脚本・主演の『キャラメル』（劇団石《トル》）、『二人の少女』（金真美作、金正浩演出）、ドキュメンタリー映画『主戦場』（ミキ・デザキ監督）にも出演した。そして二〇一九年夏、あいトリに出品した少女像がまさにこの像であった。

●表現の不自由展中止事件

一昨年二〇一九年、日本で最大規模の国際芸術祭あいちトリエンナーレ2019は、同展に招待していた「表現の不自由展・その後」を開幕三日で中止にした。あいトリが理由としてあげたのは、匿名の電話攻撃や「ガソリンを持ってお邪魔する」と書かれたファックス一枚などにより職員が疲弊し、安全を確保できないということだった（不自由展の実行委員会が事前に提案していた警備計画は実施されていなかったことが事後に判明した）。しかし中止決定の直前には河村たかし名古屋市長をはじめとする政治家による歴史否定の発言や菅義偉官房長官（当時）の文化庁の補助金を出せないという圧力があった。

電話攻撃の対象は、主に《平和の少女像》と天皇を扱った大浦信行の作品であった。

大村秀章愛知県知事と津田大介芸術監督は作家への説明もせず、不自由展の企画者であり、あいトリから作家として招待されていた筆者を含む五人の実行委員会との協議を無視した形で展示中止を発表した。筆者らは直ちにこの決定に抗議し、再開のための協議を求め闘いが始まった。当時、《平和の少女像》の作者キム・ソギョンとキム・ウンソンも開幕に合わせ来日しており、時々刻々と進む事態を目撃した。その際にキム・ソギョン＋キム・ウンソンが発表した声明文なども本書に収録した。

中止事件ばかり報道されたがその前に伝えたいことがある。中止前のわずか三日の間、《平和の少女像》の隣の椅子にどれほど多くの人が座ったことか。

母親と一緒に来た一〇歳くらいの女の子が少女の隣に座ると、キム・ソギョンが話しかけた。「この黄色い小鳥はなぜ肩にとまっていると思う?」。するとしばらく考えていた彼女は「小鳥はね、この子が寂しいと思って飛んできたんだよ」と答えた。そして少女像の顔をじっと見ると、「きれい」とつぶやいた。膝の上の手はたくさんの観客の人が手を握ってくれたから色が薄くなっていた。

たしかに侮蔑的で攻撃的な言葉を発した人もいた。しかし、毎日交代で警備をしていたわたしたちが何かを言う前に、観客が、作品を静かに見ようよ、歴史を受け止めようよ、と言ったのだ。こんな感動的な場面を何度も目撃した。

一方、「日韓関係の悪化」が都合よく展示中止に追い込まれた理由にまで使われるような状況で、日韓メディアから多くの取材を受けたが、こうした状況だからこそ展示する意味はいっそうあると答えていた。

韓国の市民から最も信頼されているというニュース番組JTBC「ニュースルーム」では、開幕当日、《平和の少女像》の展示を伝え、「日本の観客の反応は、私たちが考えていたのとは少し違いました」と報じた。隣に座って少女像の真似をして拳を握る男の子、手を重ねる子どもを抱いた母親、「反日」と思っていたけど作品に込められた意味を知ったという若い男性など、初めて少女像を見て共感する観客の姿をカメラは収めていた。

あいトリ開幕翌日の八月二日、ドイツ・ベルリンでは、芸術家女性団体GEDOKが「Toys are us」展でFRPの少女像展示していた。あいトリによる中止を聞いても中止はしないと同月二五日まで展示された。八月一四日には「旅する少女像」と題して地下鉄やバスに乗り、ブランデンブルク門広場で開かれた「慰安婦」メモリアルデーの集会に参加した。

●――済州島から台北へ

あいトリの閉幕後、真っ先に展示のオファーをくれたのは、東アジア平和芸術プロジェクト（ＥＡＰＡＰ）である。二〇一九年一二月一九日～二〇二〇年一月三一日に開催の〈ＥＡＰＡＰ２０１９：島の歌〉（済州４・３平和記念館）の特別展としての出展だった。あいトリ出品作家で応じてくれた作家一二組とあいトリ後に規制を受けた作品などが加わった。もちろん《平和の少女像》も出品した。

その展覧会に招待されていた台湾の台北当代美術館（ＭＯＣＡ Ｔａｉｐｅｉ）館長からその場でＭＯＣＡへの出展のオファーを受けた。館長は「不自由展全体のイメージを表している」として《平和の少女像》の展示を強く望んでいた。少女像に加え、二〇一七年一二月に韓国ソウル・光化門広場で行われた《空いた椅子に刻んだ約束パフォーマンス》の映像作品も合わせて展示した。

じつは台北展の準備過程で、公益財団法人日本台湾交流協会（台湾とは外交関係がないため、在外公館が行う業務に類する事業を行う団体）から呼び出しがあったと聞き、筆者らは大変心配し急遽リモートでミーティングを持った。その時、「日本政府からの圧力に屈したらＭＯＣＡじゃない」と言った館長の言葉に筆者らはどれほど勇気づけられたかわからない。

実際の日本台湾交流協会との面談では、なぜ開催するのか、誰が提案したのかなどを尋ねられたという。この企画の重要性を説明する貴重な機会だと捉えていた館長にとってプレッシャーではなかったそうで、説明した後、駐在の政府機関の人に観覧を勧めた。展示企画を発表してから、海外、特に日本メディアの関心が高かった。また、台日の友好関係にヒビが入るとか出品作品は芸術ではないなど、美術館のホームページに日本人から書き込みもあった。意見をもらうのはとても嬉しいと言い切る館長は、「戒厳令が解除後の民主化の歴史的歩みは感慨深く、その経験があるから、自分の立場が揺れないのだ」と語った。

こうして二〇二〇年四月一八日～六月七日まで開催された台北当代美術館での表現の不自由展はコロナ禍にもかかわ

らず一万五〇〇〇人もの来場者を集めた。

●――ドイツ・ベルリンの少女像

二〇二〇年九月二八日、ドイツ・ベルリン市ミッテ区の公共の敷地に、《平和の少女像》が設置された。市民団体「コリア協議会」が区役所の許可を受けて実施したものだ。しかし日本政府の撤去要請により、一時は同区が撤去命令をだした。それに反対し、ドイツのコリア協議会は撤去命令仮処分を申請し、ドイツ市民をはじめ世界各地から抗議行動が起きた。その結果、同区は撤去命令を撤回、永久設置の決議案を採択するに至った。

日本のマスメディアの報道は撤回命令までは連続して取り上げていたが、その後はぱったり報道しなくなった。だから日本では撤去命令が撤回され、永久設置の決議案が採択されるに至っていることはあまり知られていない。そうしたなか、一〇月一二日の『ハンギョレ新聞』の記事には目を見張るものがあった。日本政府の圧力に屈したドイツの態度に衝撃を受けたという日本学専攻のドイツ研究者たちの声を紹介している。独ルール大学ボーフム社会学部のイルゼ・レンツ名誉教授は、少女像がドイツになければならない理由について「植民地主義と戦争暴力の歴史を持つドイツは、日本と似た問題に直面している」とし、「少女像は戦時性暴力と植民地主義を記憶しようとする記憶運動の象徴」だからと語っているのだ。少女像を「女性の権利回復」という枠のみで捉えようとする態度は日本ではよくみられるが、それとはまったく異なり、「戦時性暴力と植民地主義」をともにあげている点が本質をしっかりとらえている。同記事に注目する真鍋祐子東京大学東洋文化研究所教授によると、レンツさんは韓国民主化を求める日韓連帯運動の一翼を担った画家・冨山妙子さんをドイツで初めて紹介した人であり、彼女の洞察は日本や韓国の女性たちとの四〇年以上に及ぶ交流のなかで練り上げられたと評している（「光州をめぐる孤独と連帯」『歴史評論』二〇二一年三月号）。

二〇二一年四月一六日、ドイツで四番目の少女像が設置された。ドイツのドレスデン国立美術館の民族博物館で開催中の展覧会「言語喪失――大きな声の沈黙」にはブロンズとFRPの少女像二作品が展示されている（展示は八月一日までの予定、ブロンズ像は来年の四月までの予定）。ここでもまた駐独日本大使館からの妨害が続いているという。しかし、「三銃士」と呼ばれる三人の女性キュレーターが日本右派からの攻撃メールに晒されながらもすばらしい展覧会を継続していることに敬意を表したい。

日本では、今年二〇二一年、名古屋、東京、大阪などで開催される「表現の不自由展」で再び《平和の少女像》が展示される。実物を観る前でも、観た後でも本書が《平和の少女像》を深く理解する一助になることを心から願っている。

＊

本書の刊行にあたり、著者のキム・ソンギョンさん、キム・ウンソンさん、韓国の版元・図書出版マルのチェ・ジンソプ代表には格別のご配慮・ご支援をいただいた。解説として再録を許可してくださった国際法学者の阿部浩己さん、巻末の年表作成をはじめ、貴重なご意見を下さった東京外国語大学教授の金富子さん、翻訳原稿へのご助言をいただいた韓国・民衆美術研究の古川美佳さんに感謝申し上げる。最後に、歴史修正主義が台頭する日本社会で、《平和の少女像》に関する二冊目となる本書の刊行を快く引き受け、細部までご助言いただいた世織書房の伊藤晶宣さんに感謝したい。

岡本有佳

二〇二一年五月一八日

著者紹介

キム・ウンソン（金運成、kim eun-sung）

1964年春川（チュンチョン）生まれ。1988年、中央大学校芸術大学彫塑学科卒業。1996年、第1回個展（21世紀画廊）。2011年、第2回個展（パク・ジンファ美術館）。1993〜2012年、キム・ウンソン、キム・ソギョン彫刻展（1〜11回）。1990年、若い視覚・明日への提案展（芸術の殿堂）など、1990年から数多くのグループ展・団体展出品 。

キム・ソギョン（金曙炅、kim seo-kyung）

1965年ソウル生まれ。1988年、中央大学校芸術大学彫塑学科卒業。個展5回。1993〜2012年、キム・ウンソン、キム・ソギョン彫刻展（1〜11回）。1987〜1992年、第1〜5回、小さな彫刻展（絵の広場　民、芸術の広場　森、オンダラ美術館）、1986年から数多くのグループ展・団体展出品。

・キム・ソギョン、キム・ウンソン共同造形物設置

1994年、東学100周年記念無名農民軍追悼碑の制作を皮切りに、民主烈士や労働運動家たちの追悼碑を多数制作し、2017年、ベトナムのピエタ像を済州道西帰浦江汀村の聖フランシスコ平和センターに寄贈し、設置した。2020年、光州5・18をテーマに《キム君のオブジェ》を光州公園に設置した。2011年、ソウルの日本大使館前に《平和の少女像》を初めて設置した。 2015年12月28日、屈辱的な韓日合意に怒った韓国市民らによる《平和の少女像》設置への問合せが絶えず、多くの場所に建立された。現在もいくつかの場所で除幕を控えている。

訳者紹介

岡本有佳（おかもと・ゆか）

編集者、ライター、文化企画者。〈表現の不自由展〉実行委員。共編著『あいちトリエンナーレ展示中止事件』（岩波書店）、『〈平和の少女像〉はなぜ座り続けるのか』（世織書房）、『だれが「日韓対立」をつくったのか：徴用工、「慰安婦」、そしてメディア』（大月書店）など。

空いた椅子に刻んだ約束——《平和の少女像》作家ノート

2021年6月25日　第1刷発行

著　者	キム・ソギョン＋キム・ウンソン
訳　者	岡本有佳
装　幀	M. 冠着
発行者	伊藤晶宣
発行所	(株)世織書房
印刷所	新灯印刷(株)
製本所	協栄製本(株)

〒220-0042　神奈川県横浜市西区戸部町7丁目240番地　文教堂ビル
電話045-317-3176　振替00250-2-18694

ISBN978-4-86686-017-6